大数据
财务分析入门

（第2版）

[美] 吉姆·林德尔（Jim Lindell）◎著
徐国栋 ◎译

ANALYTICS
AND BIG DATA FOR
ACCOUNTANTS

（Second Edition）

中国人民大学出版社
·北 京·

会计师是一个与数字打交道的职业。"数字"（number）与"数据"（data）仅一字之差，在中文语境中容易混用；实际上，两者的意义大不相同。数字是抽象的，数据是具体的；数字是冰冷的，数据是有温度的；传统会计处理的是数字，管理会计关注的是数据。"据"有依据、凭据的意思，这与管理会计提供信息依据支持决策的特点不谋而合。数字化时代，会计师转型发展的关键或许体现在从数字到数据的跨越。

转型背景下，分析思维（analytics mindset）是会计师必备的新素养。传统的财务（比率）分析已经被机器一手包办，各种新的分析工具层出不穷，令习惯使用Excel的财务人员应接不暇。有观点提出"财务就是IT"，仿佛一夜之间，一个不懂编程的会计师就不是一个称职的财务人员。这些喧嚣背后实际上是"工具主义"在大行其道。工具固然重要，但毕竟是"术"。新工具不断迭代，如果财务人员仅仅关注"术"，往往会舍本逐末，疲于奔命。回想一下会计电算化的发展历程，编程只是少数人的事，大部分财务人员需要关注的是软件背后的财务逻辑。了解并掌握一些技术背景知识是为了更好地与技术人员沟通以实现这些逻辑，这正是分析思维的典型应用场景之一。财务取代不了IT，反之亦然。

"大数据"（big data）是一个时代热词。就财务领域而言，大数据思维与分析思维是一体两面的。许多新兴工具所能驾驭的数据量之大前所未有，这些数据正源源不断地流入组织的各个职能。传统上，财务职能往往只关注结果数据，结果数据是静态的。就体量而言，一个组织的财务数据不能称之为"大"，大数据思维还要求我们关注过程数据。过程数据是动态的，无论组织规模的大小，动态数据均可达到"海量"的级别，这是财务人员运用大数据思维的具体场景。

数据之"大"不仅体现在其体量上，也体现在其门类上。数字形式只是数据的呈现方式之一，许多有价值的信息往往体现在报表之外，我们在财务分析时强调关注的表外信息及报表附注就是一例。在业财融合背景下，财务职能与非财务职能的边界越来越模糊，越来越多的非财务信息进入财务人员的视野，与财务信息一起成为关注与分析的对象，这也要求财务人员掌握和运用大数据思维。

财务职能是企业的数据中枢，相较于其他职能，财务人员有做好数据分析工作的天然优势。大数据思维与必要的分析技能是发挥这一优势，进而产生价值的"基石"。当然，适合财务人员的数据角色并非只有分析师一种——基层财务人员可以做好"数据管家"的工作，提供高质量的基础数据信息；财务分析人员可以借助强大的数据分析工具提供多维分析结果；中高层财务管理者要从故事叙述者的视角，向业务管理者和组织决策者呈现分析结果，为组织的经营决策赋能，真正发挥财务职能的价值。

如果说会计是商业的语言，那么会计师应是一名合格的"翻译"，拥有大数据思维及分析思维则掌握了与技术人员、业务人员和决策者有效沟通的媒介。

本书是一本普及大数据财务分析的入门书，引进并翻译本书旨在借鉴国际经验，为国内财务人员在数字化时代的转型发展做一些基础工作。不同于许多强调工具运用的书籍，本书重在大数据思维及素养的普及。对大部分财务人员而言，它看起来并不像一本财务书，但这刚好说明你需要它。需要说明的是，本书地图系原书所附地图。

本书翻译及校对工作得到了朱志歌、Henry Tong 等人的协助与支持；在引进出版过程中，人大社魏文、李志斌、陈永凤等老师给予了专业指导与帮助，在此一并表达诚挚谢意！

欢迎来到《大数据财务分析入门》

分析是推动商业发展的新力量。现今已出现了一些用于衡量项目效果和投资回报、展示数据和业务流程、揭示关键绩效指标之间关系的工具，这其中，许多工具运用的数据量之大可谓前所未有，而这些数据正不断流入各个组织机构之中。在本书中，我们将探讨有关分析和财务的前沿话题，从中可获得能即刻操作的技巧和指南。

导言

交易分析、差异分析和比率分析如今都由软件程序一手包办，会计师将从数据的创建者、操作者和保管者转变为数据科学家和故事叙述者。会计师必须跟上技术变革的步伐，认识到从历史分析向预测性分析，最终向指导性分析转变的必要性。

正是在这一背景下，大数据和分析技术的出现影响了众多组织机构，并将在未来发挥更重要的作用。

探讨主题

- 用于查找或生成数据、选择关键绩效指标、隔离程序效果的实证技术。
- 将数据与投资回报、财务价值和执行决策挂钩。
- 包括调查、访谈、客户满意度和参与度以及运营数据在内的数据源。
- 复杂结果的可视化与呈现。

本书结构

第1章　大数据和分析

第2章　大数据的历史

第3章　大数据的趋势

第4章　大数据战略及商业应用

第5章　大数据平台及操作工具

第6章　大数据终端用户及会计工具

第7章　大数据实例

第8章　会计部门中的大数据

第9章　大数据道德与隐私

开放式讨论

在本书的学习过程中，请思考以下问题：

- 哪些信息是你所在机构可获取，且存在于系统中并可供使用的？
- 哪些信息是你所在机构已有，但你并未获取的？
- 互联网上有哪些关于行业数据库或政府数据库的信息是你可以访问的？
- 通过传感器和机器，你可以获得哪些信息为你的业务运营和战略变化提供见解？

思考题

请花几分钟时间简单写下你所在机构当前的可用信息。这个分析过程将会帮助你思考大数据和分析的不同用途。请将信息填入表1。

表1 你所在机构有哪些可用信息？

	顾客		供应商		员工		战略方		操作方		其他
1		1		1		1		1		1	
2		2		2		2		2		2	
3		3		3		3		3		3	
4		4		4		4		4		4	
5		5		5		5		5		5	
6		6		6		6		6		6	
7		7		7		7		7		7	
8		8		8		8		8		8	
9		9		9		9		9		9	
10		10		10		10		10		10	

步入正题之前，或许有必要大致描绘一下大数据模式，以便所有人都有一个初步的了解。请看图1。

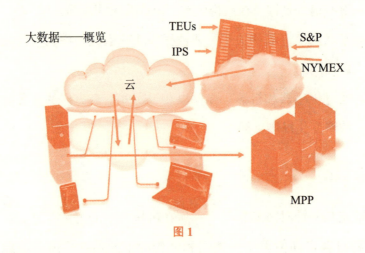

图1

- TEUs：20 英尺当量单位。（1 英尺 = 30.48 厘米。）
- IPS：工业生产统计。
- S&P：标准普尔。
- NYMEX：纽约商品交易所。
- MPP：大规模并行处理。

数据形式多样，来源也多种多样。如图1所示，来自公司、机构、流数据等的各类数据汇集在云端。机构通过内部服务器、笔记本电脑、平板电脑和其他移动设备访问信息。机构可能需要一些特别的手段，包括计算、预测等，将外部数据库和内部数据库相结合。这些信息被发送给多台带有独立处理器的计算机，以便对大规模的数据进行分析。这些带有独立处理器的计算机称为大规模并行处理（MPP）。

🔳 示例

接下来，我们将通过一个简单的例子来说明如何处理大规模数据，帮助你创建一个程序作为会计流程的补充。首先假设一家公司从事木材行业或受到木材价格的影响。要想获取工业生产统计（IPS）资料，可访问：www.federalreserve.gov/RELEASES/g17/ipdisk/alltables.txt。美国联邦储备系统（以下简称美联储）的月度工业生产指数涵盖了制造业、采矿业、电力和天然气公共事业。生产指数可衡量实际产出，以实际产出的百分比表示。

该网站上的初始数据如表 2 所示。这些原始数据数量庞大，就目前的格式很难进行解读。

表 2

"B50001: Total index"												
"IPS.B50001"	1919	5.0354	4.8128	4.6737	4.7572	4.7850	5.0910	5.3970	5.4805	5.3692	5.3136	5.2301	5.3136
"IPS.B50001"	1920	5.8143	5.8143	5.7030	5.3970	5.5361	5.5918	5.4527	5.4805	5.2857	5.0632	4.6459	4.3677
"IPS.B50001"	1921	4.1173	4.0339	3.9226	3.9226	4.0339	4.0060	3.9782	4.1173	4.1451	4.3985	4.3399	4.3121
"IPS.B50001"	1922	4.4790	4.6737	4.9241	4.7572	5.0075	5.2579	5.2579	5.1466	5.4248	5.7309	5.9812	6.1482
"IPS.B50001"	1923	6.0091	6.0925	6.2873	6.4263	6.5098	6.4542	6.3985	6.2873	6.1481	6.1203	6.1203	5.9812
"IPS.B50001"	1924	6.1203	6.2316	6.1203	5.9256	5.6752	5.4248	5.3414	5.5361	5.7309	5.8700	5.9812	6.1482
"IPS.B50001"	1925	6.3429	6.3429	6.3429	6.3985	6.3707	6.3151	6.4820	6.3707	6.2873	6.5376	6.6767	6.7602
"IPS.B50001"	1926	6.6489	6.6489	6.7324	6.7324	6.6767	6.7602	6.7880	6.8715	6.9827	6.9827	6.9549	6.9271
"IPS.B50001"	1927	6.8993	6.9549	7.0384	6.8715	6.9271	6.8993	6.8158	6.8158	6.7045	6.5654	6.5654	6.5933
"IPS.B50001"	1928	6.7324	6.7880	6.8436	6.8158	6.8993	6.9549	7.0384	7.1775	7.2331	7.3722	7.5113	7.6504
"IPS.B50001"	1929	7.7617	7.7339	7.7617	7.9008	8.0399	8.0955	8.2068	8.1234	8.0677	7.9286	7.5391	7.2053
"IPS.B50001"	1930	7.2053	7.1775	7.0642	7.0196	6.8993	6.7045	6.3985	6.2594	6.1482	5.9812	5.8421	5.7030
"IPS.B50001"	1931	5.6752	5.7030	5.8143	5.8421	5.7587	5.6196	5.5361	5.3414	5.0910	4.8963	4.8406	4.8128
"IPS.B50001"	1932	4.6737	4.5624	4.5068	4.2008	4.0617	3.9226	3.8113	3.9226	4.1730	4.3121	4.3121	4.2286
"IPS.B50001"	1933	4.1451	4.1730	3.9226	4.2008	4.8963	5.6474	6.1760	5.9256	5.5918	5.3136	5.0075	5.0354
"IPS.B50001"	1934	5.2023	5.4527	5.7030	5.7030	5.8143	5.7030	5.3136	5.2579	4.9519	5.1745	5.2301	5.5639
"IPS.B50001"	1935	6.0091	6.1203	6.0925	5.9812	5.9812	6.0647	6.0647	6.2872	6.4542	6.6489	6.7880	6.8715
"IPS.B50001"	1936	6.7602	6.5933	6.6767	7.0940	7.2331	7.3722	7.5113	7.6226	7.7617	7.8730	8.0955	8.3459
"IPS.B50001"	1937	8.3181	8.4294	8.6241	8.6241	8.6519	8.5406	5.5963	8.5406	8.2624	7.6504	6.8993	6.2872
"IPS.B50001"	1938	6.1481	6.0925	6.0925	5.9812	5.8421	5.8978	6.2316	6.5654	6.7602	6.9271	7.2053	7.2888
"IPS.B50001"	1939	7.2888	7.8444	7.3722	7.3444	7.3166	7.4835	7.7061	7.8173	8.2903	9.7076	9.3301	8.9301
"IPS.B50001"	1940	8.1388	8.5406	8.3459	8.5128	7.7632	9.0414	9.1527	9.2083	9.4031	9.5421	9.7647	10.0985

我选择了北美产业分类系统（NAICS）中代码为 B500001（所有工业生产总指数统计）和 G321（木材制品行业统计）的 IPS 数据进行分析，如表 3 所示。

表 3

```
"IPS.B50001"  1997  79.8273  80.7930  81.3340  81.3531  81.8293  82.2285  82.8557  83.7218  84.4651  85.5937  86.2047
"IPS.B50001"  1998  86.6474  86.7612  86.8198  87.1411  87.6952  87.1450  86.8423  88.4515  89.1677  89.1098  89.4407
"IPS.B50001"  1999  89.8594  90.3386  90.4819  90.7274  91.3520  91.1994  91.7766  92.1629  91.7740  92.9979  94.1593
"IPS.B50001"  2000  94.1758  94.4557  94.7980  95.4800  95.6435  95.7353  95.5906  95.3112  95.6790  95.3970  95.1573
"IPS.B50001"  2001  95.4448  93.9398  93.7201  93.4469  92.8760  92.3208  91.7933  91.6795  91.3289  90.9315  90.4860  90.5073
"IPS.B50001"  2002  91.0794  91.0553  91.7980  92.1771  92.5668  93.4476  93.2237  93.2359  93.3654  93.0834  93.5693  93.1103
"IPS.B50001"  2003  93.8198  93.9532  93.7358  93.0657  93.0918  93.2476  93.6582  93.5246  94.0751  94.2079  94.9338  94.8662
"IPS.B50001"  2004  95.1085  95.6847  95.2088  95.6385  96.3966  95.6019  96.3385  96.4095  96.4907  97.4094  97.6137  98.3318
"IPS.B50001"  2005  98.7845  99.3061  99.4734  99.6035  99.9853  99.9692  99.9435  98.0779  99.3149  100.3216  100.5437
"IPS.B50001"  2006  101.0627  101.0664  101.2751  101.5790  101.5790  101.9693  101.9319  102.3327  102.1252  102.0668  101.9688  103.0292
"IPS.B50001"  2007  102.4933  103.5264  103.7521  104.4814  104.5322  104.5617  104.5227  104.7556  105.1611  104.7171  105.3338  105.3457
"IPS.B50001"  2008  105.0619  104.7094  104.4616  103.6704  103.5856  102.8445  103.2002  100.7353  96.3666  97.2832  96.0605  93.2521
"IPS.B50001"  2009  91.0373  90.4502  89.0160  88.3056  87.4155  87.0742  88.0323  89.0190  89.6926  89.9797  90.3375  90.6132
"IPS.B50001"  2010  91.6642  91.9940  92.5993  92.9436  94.2997  94.4397  94.8536  95.1448  95.3637  95.1109  95.1383  96.0593
"IPS.B50001"  2011  95.9364  95.5154  96.4643  96.1187  96.3377  96.6154  97.1292  97.6731  97.6494  98.3222  98.2433  98.7876
"IPS.B50001"  2012  99.3925  99.6203  99.1551  99.9006  100.0924  100.0728  100.3354  99.8560  99.9049  100.1167  100.5991  100.9542
"IPS.B50001"  2013  100.8204  101.3995  101.8114  101.6364  101.7476  101.9549  101.5204  102.1907  102.7170  102.5371  102.8379  103.1504
"IPS.B50001"  2014  102.7216  103.5917  104.5889  104.6371  105.0152  105.4081  105.6157  104.9986  105.8138  105.8357  106.6634  106.5085
"IPS.B50001"  2015  105.9806  105.4425  105.1464  104.4616  103.5167  101.4298  101.7174  104.3243  104.0263  104.0477  102.6866  102.1014
"IPS.B50001"  2016  102.9525  102.2228  101.4155  101.5167  101.4298  101.8471  102.1323  102.0407  102.2485  102.0507  102.9281
"IPS.B50001"  2017  103.0366  102.6479  103.3430  104.2721  104.4129  104.5849  104.5427  104.0475  104.0502  105.6287  106.1930  106.5360
"IPS.B50001"  2018  106.2655  106.6419  107.2519  108.2223  107.3063  108.1707  108.6520  109.5246  109.6749  109.9165  110.5067  110.5516
"IPS.B50001"  2019  110.1185  109.5631  109.6811  108.9888  109.2264  109.2774  109.0852  109.8543  109.4800  109.0086  109.7226  109.5407
"IPS.B50001"  2020  109.2026
```

```
"IPS.G321"  1998  133.4417  134.6490  133.8499  135.2199  133.9193  132.4524  134.1256  135.1673  134.2498  136.4187  137.4497  140.7655
"IPS.G321"  1999  139.0809  139.9399  138.1406  139.1386  141.1952  140.6235  140.7816  138.6658  138.2974  140.5759  141.5449  143.5179
"IPS.G321"  2000  143.9621  143.4590  143.9158  143.2150  140.9689  138.4596  137.6158  135.2738  136.4653  133.5773  133.1974  129.1361
"IPS.G321"  2001  126.3618  125.6507  128.1682  128.4714  129.8419  130.9433  129.5290  131.8071  132.8296  129.4798  130.3205  132.1080
"IPS.G321"  2002  133.5034  132.9789  136.0003  135.7292  135.4148  137.4327  135.9669  136.3745  135.4550  134.0002  133.3338
"IPS.G321"  2003  134.3058  134.2836  132.4573  132.8141  132.5811  133.6568  135.0646  134.4748  135.1309  136.3604  140.5474  137.6047
"IPS.G321"  2004  137.9927  138.0193  136.9244  138.4445  138.9187  136.5368  138.6651  138.3596  140.4268  140.1478  139.8146
"IPS.G321"  2005  146.0295  142.7031  142.1520  142.5357  143.0122  143.3818  144.3822  144.0529  149.3917  156.8599  158.7027  158.7644
"IPS.G321"  2006  158.7988  155.9541  155.0963  152.5109  151.4224  149.1498  149.6208  147.2331  145.8603  139.2248  138.0695  142.6459
"IPS.G321"  2007  139.7381  139.4932  141.4892  139.4251  140.6003  142.3903  142.2128  139.7790  138.9654  136.6787  134.8661  135.2744
"IPS.G321"  2008  132.2604  129.2104  127.6562  124.9693  123.4300  122.3599  121.8532  119.1477  115.4303  109.3604  105.9765  95.7988
"IPS.G321"  2009  92.8199  92.6184  89.3363  87.8408  87.2243  90.5909  90.6242  92.1749  92.7683  91.1298  91.9353  91.5556
"IPS.G321"  2010  93.6436  92.3557  93.4979  97.1496  98.3683  95.3311  94.3246  93.1650  92.0526  92.9165  93.0582  93.5963
"IPS.G321"  2011  93.2561  93.0398  138.9399  95.6135  93.4725  95.3869  95.4900  99.7131  100.1124  95.3166  96.2203
"IPS.G321"  2012  97.9210  97.1903  97.9500  99.3555  101.1647  99.4620  99.7131  100.1124  95.1214  95.1653
"IPS.G321"  2013  104.4154  106.7920  105.6827  103.9209  104.5508  105.1086  104.1521  105.8536  107.7202  107.1169  108.0767  105.9248
"IPS.G321"  2014  103.0151  103.6164  105.6104  106.1181  108.2585  108.6943  110.1602  110.9749  110.1318  110.0534  110.7144  112.1548
"IPS.G321"  2015  110.3434  110.7327  110.3776  111.2549  111.3227  111.4624  113.5829  114.1336  114.6468  114.6080  113.6075  116.2805
"IPS.G321"  2016  116.1450  115.0394  115.2790  120.0493  122.3747  122.4889  115.8438  115.9477  116.4093  116.7846  125.7855  120.0018
"IPS.G321"  2017  122.0152  125.2790  123.0493  122.3747  122.4889  117.8422  123.9940  125.7844  125.7855  124.4037  121.0018
"IPS.G321"  2018  126.2214  128.6735  128.5179  127.7085  127.1424  127.4175  126.7163  128.1909  128.2454  126.3822  125.2539  125.0531
"IPS.G321"  2019  125.5232  125.0289  123.4112  124.5700  125.8557  126.2613  127.0513  127.1241  127.8214  130.0367  127.1331  127.6529
"IPS.G321"  2020  128.0324
```

　　接下来，我从 Finance.Yahoo.com 上获取了路易斯安那太平洋公司（LPX）的月度数据，然后利用 Excel 将这 3 项数据进行组合。组合之后就得到了图 2。

　　显然，这些数据通过图表以一种全新的形式呈现出来。当我们用故事叙述和数据科学来补充会计技能时，是否可以从本例的数据中得出一些概括性的结论？我的解读如下：

　　1. 木材生产统计数据和 LPX 的股价似乎呈现出相似的走向。

　　2. 主要的 IPS 数据似乎也呈现出相似的走向。

　　3. 存在这样一种可能，即木材产量的下降先于整体经济的衰退。（注意与经济大萧条相对应的急剧下降。）

G321 木材 IPS 与 LPX 股价对比

图 2

4.存在这样一种可能,即房地产泡沫期间的木材生产统计数据得到了 LPX 股价上涨的支持。

通过操作这一示例中的可用数据,我们能够发掘某些可用于商业预测的趋势。然而,大数据的大部分实例都比这复杂得多。大多数情况下,其使用的数据库要比 Excel 大得多,所用的技术工具也更复杂。本例旨在演示大数据的基本概念,以便直观展示其强大功能并帮助你建立起大数据的基本概念。

在大数据分析领域有很多令人困惑的术语,下图是对所有讨论主题的一个整合。

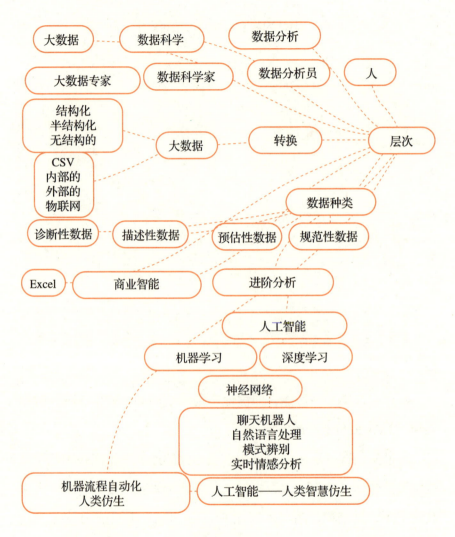

随着学习的深入，我们将探索规模更大、更多样的数据。尽管微软已经推出了 Power BI，且基于大多数会计人员目前对 Excel 的熟悉程度，他们可能会更青睐于运用该工具，但用于解读大数据的软件程序还是要比 Excel 更复杂。

　　读完本书后，你应该熟知大数据的来源、类型和趋势，以及可用于处理和解读这些信息的各类工具。接下来我们将通过更多例子介绍如何在实践中应用这些方法。你准备好了吗？

第2章

大数据的历史 ·················· **25**

第3章

大数据的趋势 ·················· **57**

第 7 章

大数据实例 ································· 173

第 8 章

会计部门中的大数据 ··············· 205

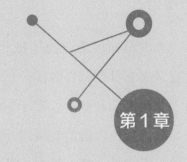

第1章

大数据和分析

| 学习目标 |

- 分辨三种不同类型的数据。
- 了解大数据的体量类型。
- 读懂大数据术语。

导语

20世纪初，企业使用纸张和墨水记录财务和经营业绩。仅仅记录交易日期就够难了，更不用说用财务报表汇总信息。通过自动化提高会计效率仅限于在复写纸、油印机、复印机等方面进行创新。当计算机最终可用于运营和财务时，其系统是基于对交易的批量记录。重点仍在于获取内部数据，以帮助机构了解其财务和经营业绩。随着计算机的升级和功能的增强，人们越来越关注获取更多内部生成的运营和财务信息，同时也更加注重分析由于计算能力提高、数据增加和更人性化的工具而产生的大量信息。

互联网出现之前，一个机构处理的主要是其内部数据。随着20世纪后半叶和21世纪初互联网的进一步发展，获取可与内部数据集成的外部信息更容易。公司从批量信息生产商转向信息生产者（无论是在公司还是个人层面），再变为生产与生活各方面相关的数据的传感器。最后这一点令人振奋，因为比之从前，设备、传感器和不同装置能够在更短时间内产生更多的数据。随之而来的是信息洪流、大数据概念和预测分析。

什么是大数据

什么是大数据？大数据是一组高体量、高速度、高多样性的信息，这些信息需要采用高效率、创新型信息处理方式，以提高洞察力和决策力。[①]

大数据的最终目标应该是最大化地利用信息为客户及组织机构创造更大的价值。

多"大"算"大"

除交易数据和用户创建的数据外，互联网的出现为新数据库、数据新形式以及无须人为干预创建的数据打开了闸门。

网站 DOMO.com 对每分钟在互联网上处理或创建的数据量进行了分析。[②] 请思考以下按分钟计量的数据：

- 奈飞（Netflix）公司的视频流时长（小时）——694 444（2019年）；97 222（2018 年）。

- 网络电话（Skype）的拨打数量（个）——231 840（2019 年）；176 220（2018 年）。

- 照片墙（Instagram）每分钟图片上传数量（张）——55 140（2019 年）；49 380（2018 年）；47 740（2017 年）。

- 亚马逊（Amazon）每分钟的销售额（美元）——533 713.85

---

① IT glossary, Gartner, www.gartner.com/it-glossary/big-data.

② "Data Never Sleeps 5.0 Domo," accessed April 9, 2020, https://www.domo.com/learn/data-never-sleeps-5;

James, Josh. "Data Never Sleeps 6.0 Domo," accessed April 9, 2020, https://www.domo.com/blog/data-never-sleeps-6/;

"Domo Resource — Data Never Sleeps 7.0." Connecting Your Data, Systems & People.Accessed March 4, 2020, https://www.domo.com/learn/data-never-sleeps-7.

（2019 年）；270 015.22（2018 年）。

- 使用的网络数据量（GB）——4 416 720（2019 年）；3 183 420（2018 年）；2 657 700（2017 年）。

- 油管（Youtube）视频观看数（万）——450（2019 年）；433.3（2018 年）。

互联网世界统计（Internet World Stats Live）预估全球互联网用户数将从 2018 年的 42 亿增加至 2019 年的 45.74 亿。

数据量继续呈指数式增长，且这种增长趋势没有任何停止的迹象。会计师面临的挑战是在收集、存档、访问和解读方面如何应对信息扩张。结构化数据、非结构化数据、流数据等会不断增加。

小测验

1. 以下哪项是对大数据的最佳描述？

a. 跨国公司的大型系统。

b. 结构化数据、非结构化数据和流数据。

c. 包含所有软件应用程序在内的企业资源计划（ERP）系统。

d. 经过串行处理的数据。

2. 据估计，一天中照片墙用户每分钟上传的照片数量接近多少张？

a. 25 000 张　　b. 55 000 张　　c. 75 000 张　　d. 100 000 张

⚐ 数据体量

大数据中有哪些数据体量类型？见表 1 - 1。

表 1 - 1

缩写	全称	大小
（B）	字节	=8bits
（KB）	千字节	=1 000bits
（MB）	兆字节	=1 000 000bits
（GB）	吉字节	=1 000 000 000bits
（TB）	太字节	=1 000 000 000 000bits
（PB）	拍字节	=1 000 000 000 000 000bits
（EB）	艾字节	=1 000 000 000 000 000 000bits

⚐ 兆字节、吉字节、太字节代表什么

上文提到的体量单位各包含多少数据？我们在 WhatsAByte.com 网站上找到了答案。①

字节：100 字节相当于一个普通的句子。

千字节：100 千字节相当于你此时正在读的一页内容。

兆字节：100 兆字节相当于两卷百科全书。600 兆字节与一张光盘上存储的数据等量。

吉字节：100 吉字节相当于一个图书馆的学术期刊。

太字节：1 个太字节可以复制 1 000 份大英百科全书。10 个太

---

① "Megabytes, Gigabytes, Terabytes…What Are They?" What's a Byte?, accessed April 9, 2020, www.whatsabyte.com/.

字节可以囊括整个国会图书馆的藏书。

拍字节：1 个拍字节可以存储大约 2 000 万个四门文件柜的所有文档，可涵盖 5 000 亿页的标准印刷文本。

艾字节：据估计，5 个艾字节相当于人类迄今创造的所有单词。

泽字节：1 个泽字节相当于时长约 1.52 亿年的高清视频。[①]

| 小测验 |

3. 一个拍字节可以涵盖多少页标准文本？

a. 1 000 亿页　b. 5 000 亿页　c. 9 000 亿页　　d. 7 500 亿页

会计师与大数据

尽管众多组织机构都试图充分利用大数据应用程序和资源，但它们没有时间或资源来实现这一设想。2015 年，美国生产力与质量中心（APQC）与致同会计师事务所（Grant Thornton）进行了一项题为"大数据、财务规划与分析"的研究。受访者表示，如果有更多时间，应该关注以下领域：

- 风险和损失的简单汇总。　　　　　　　　60%
- 基本因果分析。　　　　　　　　　　　　57%
- 通过情景和假设分析得出可能性结果。　　36%

---

① "The road to surfdom?" The Economist, September 24, 2016, www.economist.com/news/leaders/21707538-internet-not-american-whatever-ted-cruz-thinks-road-surfdom. Accessed 4/9/20.

- 通过预测性分析技术得出可能性结果。　　24%

　　国际注册专业会计师协会开展了一项题为"各大机构对尖端分析和大数据的态度"的研究。①

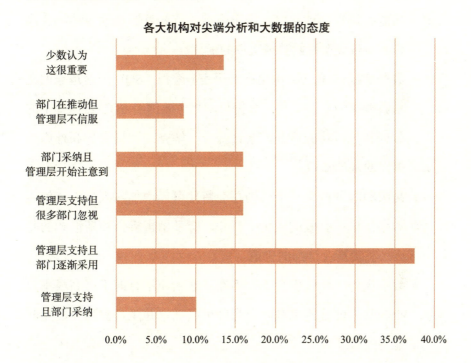

各大机构对尖端分析和大数据的态度

金融与会计专业人士的压力②

　　罗伯特·埃尔南德斯探讨了未来会计师需要学会的七种数据科

---

①　Lawson, Raef, Toby Hatch, and Denis Desroches. "The Impact of Big Data on Finance Now and in the Future." imanet.org.Accessed March 5, 2020.https://www.imanet.org/insights-and-trends/technology-enablement/the-impact-of-big-data-on-finance-now-and-in-the-future?ssopc=1.

②　Hernandez, Robert. "The 7 Data Science Skills That Will Change the Accounting Career." Origin World Labs, September 27, 2019.https://www.originworld.com/2019/09/27/7-data-science-skills-that-will-change-accounting-career/.

学技能。

- 进阶 Excel——Excel 仍将与其他大数据工具一起使用。但会计师需要掌握更高阶的技能，包括使用复杂的数据表、统计功能、报告自动化、自修正模型。首要目标是学习访问、操作和报告大型原始数据文件的工具。

- 数据挖掘/SQL（结构化查询语言）编程。SQL 仍然是查询交易数据库的主要工具。数据科学将主要围绕 SQL 数据库中的数据和分析功能展开。会计师应了解查询大型内部和外部数据库的基础知识。

- 高级利润分析。一个机构总会留住可以增加收入的人。使用数据找出更有效的定价、折扣、交叉销售机会和新形式的收入，将提高会计师的价值。

- 数学优化。优化机会无处不在。必须使用有助于提高成本效率和收入的分析工具。会计师可以确定并规定提高公司盈利能力的措施。

- 分析细分。需要将传统的财务报表方法简化为更细致的级别。按部门、区域或公司明确盈利能力仍是必要的，但新方法是在客户层面了解盈利能力。

- 数据可视化。图表可以直观显示内部和外部趋势以及需要采取措施的领域。不同的图表更容易实现不同的功能。会计师必须知道如何在图表中呈现有意义的数据，并成为更好的沟通者。

● 实时模型。世界是 7×24 小时运作，数据具有即时性。现今
  的企业也是一样。企业不仅需要立即获得运营方面的反馈，
  而且需要预测未来会发生什么。流数据将用于获得当前和未
  来状态的运作结果。

适应性洞察对会计师的招聘要求和 Excel 专业知识的重要性提
出了相反的意见。观察下图，它阐明了首席财务官（CFO）对员工的
要求。

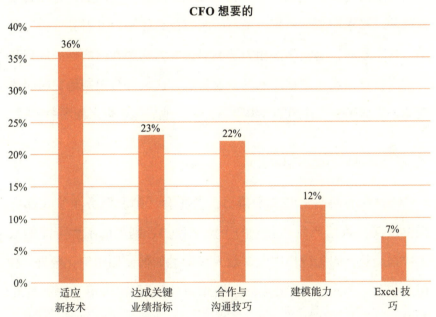

资料来源：What Skills do CFOs want in accountants? https://arizent.brightspotcdn.com/ff/77/
8307b9bc444690aaa59932d77e31/at022818-cfo-excel-skills-chart-1.png.

Excel 会消失吗？有可能，但不会很快。Power BI 是更好的数
据可视化和分析工具。但考虑一个假设的状况：你的公司一直在学

习 Power BI，但你不是 Power BI 的专家，而是新手。任务截止时间是上午 8 点，但 Power BI 在执行任务时遇到了困难。现在是晚上 11 点，你累了。你会继续尝试使用 Power BI 还是 Excel？

会计师经验的另一项关键作用是延长 Excel 使用年限。从 Lotus 过渡到 Excel 会有一些弊端。软件中一些成功的改变是允许用户对新旧模式交替操作。也许过渡时间会更长，但效率会更高，挫败感会更少。

关于招聘员工还有一个非常重要的概念。不像 Excel 是一套标准软件。当求职者从一家使用不同的商业智能平台及财务分析工具的公司离职时，这实际上相当于倒退。因为这些专门的财务规划和分析操作反而约束了他或她的专业发展，这也许会限制他们的职业流动。当程序员只使用某种编程语言时，他们也会带来相同的问题。

会计师面临的大数据问题[1]

CFO.com 网站上的文章指出，除非会计师和财务主管在那些提供或交付数据产品和服务的企业工作，否则他们不太可能融入大数据趋势，因为他们中大多数人只学过如何使用结构化数据（适用于表格、Excel 电子表格、数据库等的数据），而不是非结构化数据。

必须牢记非结构化数据是现有数据中最重要的部分，并可能产

---

[1] Katz, David M., "Accounting's Big Data Problem," CFO, March 4, 2014, ww2.cfo.com/managementaccounting/2014/03/accountings-big-data-problem/, accessed April 9, 2020.

生最大益处。

　　总部位于新加坡的 Trax 公司就是一个利用非结构化数据的例子，该公司提供的图像识别应用程序可从零售商店货架上拍摄的照片中收集数据。这些照片能够帮助企业更好地管理库存。

　　最近 Trax 公司全球零售总经理戴维·戈特利布在接受 PYMNTS 采访时，提到了公司对数字化实体零售的愿景，包括如何利用图像识别和人工智能去简化货架管理。戈特利布表示，在得到 Trax 等公司的解决方案之前，商家无法经常进行货架管理，主要是因为这需要耗费大量的人力。

　　他解释道："在一天中的某个时候，员工会在门店里反复寻找漏洞，然后用扫描仪进行扫描。"这对于拥有大型商店或大量库存的零售商意味着占用大量时间。Trax 公司的系统旨在通过使用摄像头进行实时货架监控来减少执行货架管理任务所需的时间。它依靠基于人工智能的图像识别技术来识别库存变化，从而帮助零售商准确了解他们必须销售或需要重新订购的产品。①

　　当然，这些图像提供的不仅是货架的可用信息。戈特利布解释道，这些存储起来的图片可提供大量的客户和产品信息，并可

---

① Krishna, Manu. "How Trax Uses AI to Manage Inventory: Blog: Trax." Trax Retail, September 24. 2018. https://traxretail.com/blog/trax-uses-ai-manage-inventory/, accessed April 9, 2020.

用于分析。

　　他说："我们不只提供图像识别技术，还在多个层级存储数据——从图像生成的原始数据、关键绩效指标数据到元数据、主数据。"

　　非结构化数据的其他例子可以在下列各个公司公开的文本中找到：

- 管理层讨论与分析（MD&A）中的 10-K 和 10-Q 报表。
- 新闻稿。
- 企业高管访谈。

大数据术语

　　与其他新领域一样，大数据也有一些必须掌握的术语。下面列出的术语并不是全部，但包括许多与大数据、分析和商业智能相关的常用术语。

　　人工智能（artificial intelligence，AI）。人工智能指能够像人类一样思考并模仿他们的行为。该术语也可以用于任何表现出与人类思维有关特征（例如学习和解决问题的能力）的机器。[①]

　　商业智能（business intelligence，BI）。商业智能整合了数据、技

---

① Frankenfield, Jake. "How Artificial Intelligence Works." Investopedia.Investopedia, January 29, 2020.https://www.investopedia.com/terms/a/artificial-intelligence-ai.asp.

术、分析和人类知识，以优化商业决策并最终推动企业的成功。商业智能程序通常将企业数据仓库和商业智能平台或工具箱相结合，将数据转换为可用的、可操作的商业信息。①

数据分析（data analytics，DA）。数据分析指检测原始数据并从中得出结论的科学。在许多行业，数据分析帮助公司和组织机构做出更好的商业决策，在科学领域，数据分析用来验证或反驳现有的模型或理论。②

云计算（cloud computing）。云计算是一种提供信息技术服务的模型，在该模型中，可通过网络工具和应用程序从互联网上获取资源，而无须直接连接到服务器。数据和软件包均存储在服务器中。只要电子设备能够访问网络，云计算就允许信息访问。该系统让员工远程工作成为可能。③

仪表盘（dashboards）。商业智能仪表盘（BI dashboard）是一个商业智能软件界面，它为当前数据提供预配或定制的指标、统计数据、洞察和可视化。通过它，商业智能软件的终端用户和超级用户可即时查看商业运营实时状况或数据分析结果。④

数据湖（data lake）。数据湖是一种集中式存储库，可存储任何

---

① "Featured Education, Research and Resources," TDWI, accessed April 9, 2020, https://tdwi.org.

② "Data analytics," *TechTarget*, accessed April 9, 2020, searchdatamanagement.techtarget.com/definition/dataanalytics.

③ "Cloud computing," *Investopedia*, accessed April 9, 2020, www.investopedia.com/terms/c/cloud-computing.asp.

④ "Dashboards," *Techopedia*, accessed April 9, 2020, www.techopedia.com/definition/13773/business-intelligencedashboard-bi-dashboard.

规模的结构化和非结构化数据。你可以按原样存储数据，而无须先构建数据并进行不同类型的分析——从仪表盘和可视化到大数据处理、实时分析和机器学习，以做出更好的决策。[1]

数据挖掘（data mining）。数据挖掘指在大量计算机化数据中寻找有用的模式或趋势的操作过程。[2]

数据科学家（data scientist）。数据科学家指擅长分析数据，特别是大规模数据，以此帮助企业获得竞争优势的人员或商业智能顾问。[3]

数据可视化（data visualization）。数据可视化指通过图表的形式呈现数据。

深度学习（deep learning，DL）。深度学习是一种人工智能功能，它模仿人脑在处理数据和创建用于决策的模式时的工作方式。深度学习是人工智能中机器学习的一个子集，其网络能够从非结构化或未标记的数据中不受监督地学习，也称为深度神经学习或深度神经网络。[4]

Hadoop（海杜普）。Hadoop 是一个基于 Java 的免费编程框架，支持在分布式计算环境中处理大规模数据集。它是 Apache 项目的一部分，由 Apache 软件基金会开发。[5]

---

[1]　Schmarzo, Bill. "Big Data." Amazon. Wiley-Blackwell, 2013.https://aws.amazon.com/big-data/datalakes-and-analytics/what-is-a-data-lake/ accessed April 9, 2020.

[2]　"Data mining," *Merriam-Webster's Collegiate Dictionary*, 11th edition, Springfield, MA, Merriam Webster, 2003. Also available at https://www.merriam-webster.com/.

[3]　"Data scientist," *TechTarget*, accessed April 9, 2020 searchbusinessanalytics. techtarget. com/definition/Datascientist.

[4]　Hargrave, Marshall. "How Deep Learning Can Help Prevent Financial Fraud." Investopedia. Investopedia, February 6, 2020. https://www.investopedia.com/terms/d/deep-learning.asp.

[5]　Ibid., *"Hadoop,"* TechTarget, searchcloudcomputing.techtarget.com/definition/Hadoop.

联机分析处理（online analytical processing，OLAP）。联机分析处理是一种强大的数据挖掘技术，可实现无限制的报表查看、复杂的分析计算和设计预测性假设情景（预算、预测）。[1]

机器学习（machine learning）。机器学习是一种由自动化分析模型构建的数据分析方法。它是人工智能的一个分支，其基础理念是系统可以从数据中学习、识别模式并在最少的人工干预下做出决策。[2]

预测性分析（predictive analytics）。预测性分析指从现有数据集中提取信息以确定模式和预测未来结果及趋势的操作过程。预测性分析并不能告诉你未来会发生什么，它可以在一定范围内预测未来的情况，同时包含假设情境和风险评估。[3]

指导性分析（prescriptive analytics）。指导性分析是一种业务分析类型，侧重于在既定情况下寻找最佳行动方案，与描述性分析和预测性分析共同构成分析能力组合。[4]

机器流程自动化（robotic process automation，RPA）。RPA 是一款可以轻松编程的像人工一样跨平台执行基本任务的软件。软件机器人可以学习具有多个步骤和应用程序的工作流程，例如获取表单，发送收据消息，检查表单完整性，将表单归档在文件夹中并更

① "OLAP," OLAP.com, accessed April 9, 2020, olap.com/olap-definition/.
② " Machine Learning:What It Is and Why It Matters. " SAS. Accessed March 5, 2020. https://www.sas.com/en_us/insights/analytics/machine-learning.html.
③ "Predictive analytics," *Webopedia*, accessed April 9, 2020, www.webopedia.com/TERM/P/predictive_analytics.html.
④ " Prescriptive analytics, " *TechTarget*, accessed April 9, 2020, searchcio.techtarget.com/definition/Prescriptiveanalytics.

新表单名称、归档日期等。RPA 软件旨在减轻员工简单、重复性的任务。[1]

半结构化数据（semi-structured data）。指尚未归到特定存储库（如数据库）中，但仍具有相关信息（如元数据）的数据，比原始数据或非结构化数据更易于处理。例如，一个 Word 文档包含允许关键字搜索的元数据或标记，但不像数据库中的信息有那么多的关系结构或公用程序，这就是半结构化数据。[2]

结构化数据（structured data）。指位于记录或文件中固定字段中的数据。包括关系数据库和电子表格中的数据。[3]

非结构化数据（unstructured data）。指不在传统行列数据库中的信息。它通常包括文本和多媒体。例如电子邮件、文字处理文档、视频、照片、音频文件、演示文稿、网页和众多其他类型的商业文件。尽管这些文件可能具有某种内部结构，但仍被视为"非结构化"，因为其数据不包含在数据库中。据专家估计，不管什么组织，其数据 80%～90% 都是非结构化数据。[4]

数据分析的四种类型

学习了大数据的例子和来源，接下来让我们看看如何将刚刚所

[1] Frankenfield, Jake. "Robotic Process Automation-RPA." Investopedia.Investopedia, January 29, 2020. https://www.investopedia.com/terms/r/robotic-process-automation-rpa.asp.

[2] Ibid., "Semi-structured data," whatis.techtarget.com/definition/semi-structured-data.

[3] "Structured data," *Webopedia*, accessed April 9, 2020, www.webopedia.com/TERM/S/structured_data.html.

[4] Ibid., "Unstructured data," www.webopedia.com/TERM/U/unstructured_data.html.

学的定义和相关术语用于数据检测。不同类型的数据分析可用于不同目的。

描述性分析

描述性分析描述的是已经发生的信息。从会计角度看，这些信息指历史财务信息。其应用场景举例如下：

- 可以根据该公司过去的财务状况对客户信用风险进行预测评估。
- 可以根据客户的产品偏好和销售周期来预测销售结果。
- 可以根据当前的产品反馈预测未来的销售。
- 可以根据员工评估预测离职率。

诊断性分析

诊断性分析对产生历史结果的原因进行说明。它试图回答"为什么会发生？"的问题，例如：

- 在传统财务中，差异分析可以揭示预算结果与实际结果之间产生偏差的根本原因。
- 因果分析可以解释为什么会出现某些结果。
- 可以用分析仪表板来阐释事情发生的原因。如在非洲爆发埃博拉病毒期间，可以看到病毒每日在不同地区的传播情况。
- 可以追踪阅读量、帖子、关注者等的增加，基于此，可在脸书上购买额外的阅读量以增加特定帖子、视频或图片的曝光度。

发现性分析（洞察）

尽管从技术上讲，发现性分析并不属于四种数据分析类型之一，但这一步可以放在诊断性分析和预测性分析之间。在发现性分析期间，可以通过研究和分析来确定历史信息与另一个数据库之间是否存在联系。

预测性分析

预测性分析试图通过分析历史数据和趋势来确定即将发生的事。例如：

- 会计部门编制现金流预测报告。
- 估算库存量。
- 根据设想的变化预测结果。如果营销预算增加 5%，将获得一定百分比的收益增长。
- 给零售组织发放额外的优惠券或安排促销活动，预计将增收 10%。
- 据以往来看，黑色星期五那周发布的广告会推动黑色星期五假期购物季的销售额超出日常水准。

还有一个体育界著名的预测性分析的例子：

21 世纪初，纽约洋基队（New York Yankees）是美国职业棒球大联盟中最受欢迎的球队。但在美洲大陆另一端，奥克兰运动家队（Oakland A's）却在宣传和经费支出都极少的情况下多次赢得比赛。

洋基队付给明星球员的薪水高达数千万美元，但大获成功的运动家队开出的薪水却很低。后者是怎么做到的？原来，和球员签约时，他们不仅仅关注打点（RBI）、本垒打和投手责任得分率（ERA）等基本的能力值，还对每个选手和每场比赛的数百个详细统计数据进行分析，试图以此预测选手未来的表现和能力。一些统计数据甚至是通过视频识别技术从比赛视频中获取的。这样一来，球队便能签下一些名气不高，但在赛场上能发挥出相当实力的优秀球员。运动家队开辟了一个新方向，预测性分析开始在体育界遍地开花，效仿者纷纷采用类似的技术。[1]

也许终有一天，预测性分析会推动大联盟中各个球队的薪资水平趋于一致。

还有一些工具也可以用于预测性分析。其中一个例子就是净推荐值（NPS），在后面的章节中会进一步谈到。净推荐值分为 1～10 分，用以表明客户向他人推荐某一产品的意愿度。公司希望每个客户的净推荐值都能达到 9 分或 10 分，一旦达到这个分值，客户将向其他潜在客户"推销"公司的产品。

---

[1] "Predictive Analytics: A Primer," *Amberoon*, last modified October 25, 2012, www.amberoon.com/CarpeDatumRx/bid/236799/Predictive-Analytics-A-Primer.

指导性分析

利用在描述性分析、诊断性分析和预测性分析中得到的信息，指导性分析给出近似商业战略的特定决策或变更建议，也可称为实现预期结果的最佳方案。以下是指导性数据分析的例子：

- 航班分座定价，以及随着起飞日临近，每个座位的价格呈现出规律性的上涨。部分原因在于航空公司放任航班超额预订，又提供奖励以安抚因此感到不便的乘客。

- 脸书等应用程序向用户推荐他们可能希望与之建立联系的用户。这种"建立联系的指示"基于对双方资料中共同好友的分析，由此，新朋友和潜在朋友就会被列为推荐联系人。

- 最常见的指导性分析用于能缓解某些症状的药物（他汀类药物、降糖药、降压药等）。由于潜在的问题交互作用，这些药物可能会产生负面作用。

大数据的益处

了解什么是大数据之后，你也许想知道它在实际操作中能提供什么帮助。机构能从大数据中获得什么益处？一项来自 IBM 的研究[①] 显示，那些在分析方面有竞争力的组织机构较之其他竞争者具有：

- 1.6 倍的增收。

---

① "Analytics: The Real-World Use of Big Data," IBM, accessed April 9, 2020, https://www.ibmbigdatahub.com/whitepaper/analytics-real-world-use-big-data.

- 2.5 倍的股价增值。
- 2 倍的息税折旧及摊销前利润（EBITDA）增长。

2012 年世界经济论坛指出，数据收集和货币及黄金一样，成为一种新的经济资产。

大数据有哪些益处？

大数据为商业带来的战略益处包括：

- 更优的战略决策。
- 更快将新产品和服务投入市场。
- 更优的商业洞见。
- 更优的竞争洞见。
- 现有产品、服务及报价的实时变更。
- 对风险或机会进行环境检测。

大数据还有助于提升决策能力，例如：

- 增加存储和分析的数据量。
- 提升数据分析速度。
- 生成更精确的结果。
- 实现更优的决策过程。
- 优化预测。
- 实现更精确的根本原因分析。
- 做出更明智的决策——利用新的数据源提高决策质量。
- 做出更快的决策——更及时地获取和分析数据，为关键时刻的决策提供支持，例如在客户浏览网站或与客服专员通电话时。

- 做出有影响力的决策——将大数据工作重点放在能实现差异化的领域。

- 基于整个数据集而不是样本集进行分析。

- 提高数据透明度。

大数据可以帮助企业提高效率，例如：

- 减少手动过程或实现全自动化。

- 节省成本。

- 提高生产力。

- 实现日常决策自动化。

- 提高制造业生产力和维护能力。

- 实现历史相关数据库一体化。

- 提高可扩展性。

客户关系和销售业绩也可从大数据中获益。例如：

- 提高客户满意度。

- 优化客户服务。

- 增加客户投入。

- 通过交叉销售和追加销售提高销售业绩。

- 提高吸引力和留客能力。

- 通过社交媒体增加定向市场营销。

最后，大数据可以通过以下方式优化企业治理、提升合规性：

- 改进欺诈检测。

- 改进风险评估和管理。

- 提供扫描和访问公司数据的工具，防止未经授权的数据流出。

小测验

4. 以下哪项是对大数据框架内决策的描述？

a. 更聪明、更快、更准确。

b. 更慢、更详细、更有条理。

c. 更慢、更准确、更透明。

d. 速度不变，但更精确、更有条理。

练习

1. 大数据有哪些组成部分？

2. 数据分析有哪四种类型？

3. 什么是 Hadoop？

4. 数据科学家都做些什么？

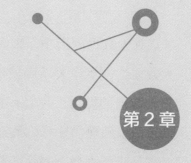

第 2 章

大数据的历史

导语

　　本章对大数据的历史、来源和特点进行探讨。对于会计师而言，大数据这一概念关系到使用电子表格等工具访问、操作、分析和报告数据的能力。我们有必要了解信息处理技术的历史，以及从纸质记录到现代计算机系统的演变。为了更好地利用大数据，我们必须认识到大数据对组织机构和行业的过去、现在和未来的影响。

　　大数据可以通过多种方式构建，并以多种渠道转化为知识，前提是组织机构有实现这一点的手段和资源。同时，我们应该认识到数据的呈现形式是多种多样的。

大数据 = 电子表格

　　1978 年以前，会计师的工作是无形的会计系统中的组成因子。会计师对交易数据进行记录、处理和分析，并得出财务业绩报告。同时，会计师在比率和差异分析、行业比较的基础上，通过业绩评估创造出附加值。

　　1978 年，世界上第一个电子表格石灰粉（VisiCalc）诞生了。自此，会计师开始在电子表格中输入交易数据，并得出分析结果。电子表格的出现带来了定制报告的产生和数据总量的增加。在过去 40年里，电子表格的使用更广泛。数据库应用程序和大型企业系统数量更多，更容易使用和访问，也更加强大。

1978 年之前，会计师面对的是匮乏的数据。如今，他们却在铺天盖地的数据中感到应接不暇。会计师被淹没在数据流之中，缺乏必要的知识，而这些知识藏在数据流的背后。

现在的问题是，会计师把电子表格作为主要工具还能使用多长时间？

据 Adaptive Insights 的调查，两年前有 78% 的 CFO 将 Excel 熟练程度视为其财务团队中最重要的技能，2020 年这一比例急剧下降至 5%。在招聘新员工时，对员工 Excel 技能的要求排在靠后的位置，只有 7% 的 CFO 认为这很重要。

CFO 对 Excel 重视程度的急剧下降表明自动化技术正在快速发展。尽管 Excel 是一个高度自动化的程序，但是同时利用自动化和机器学习或人工智能的新技术正在迅速走到前列。①

---

① Arrowsmith, Ranica. "Excel on the Way out?" Accounting Today, February 28, 2018. https://www.accountingtoday.com/news/cfos-no-longer-see-excel-skills-as-vital-for-new-hires, accessed April 10, 2020.

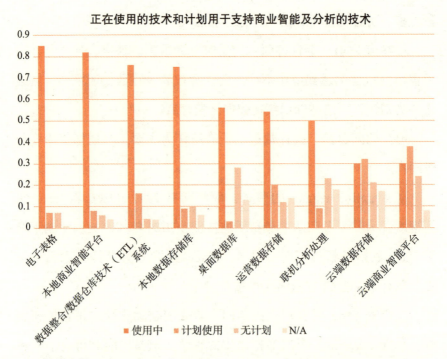

正在使用的技术和计划用于支持商业智能及分析的技术

资料来源：Stodder, David. "Best Practices Report: BI and Analytics in the Age of AI and Big Data." Transforming Data with Intelligence, accessed March 22, 2020. https://tdwi.org/research/2018/12/adv-all-best-practices-report-bi-analytics-age-of-ai-and-big-data.aspx.

会计师看大数据

　　会计师倾向于从获取、收集、分类、汇总、分析和报告信息等传统角度来看待数据。更庞大的系统有助于进行综合且更复杂的分析。大数据增加了复杂性，提升了会计师的能力，让进行深层数据分析成为可能，这在过去是难以想象的，如图2-1所示。

图 2 - 1

> **小测验**
>
> 1. 1978 年开发的第一个电子表格叫什么？
>
> a. Lotus　　　　b. Excel　　　　c. VisiCalc　　　　d. Multi-mate

大数据的历史

从会计学的角度看大数据的历史，可以分为七个相互作用的种类：

- 簿记。
- 会计。
- 计算器。
- 计算机。
- 互联网。
- 云计算。
- 物联网。

这其中，每个种类都建立在其他种类之上或与其他种类相互作用，并最终带来了当前的大数据访问和应用。请思考在每个种类的发展进程中——为大数据的产生铺平道路的过程中——出现的那些重要事件。通过前三个种类，我们可以知道数据从何而来。在学习第四种和第五种时，请记录它们给你或你的公司带来的影响。

簿记

自历史有载以来，簿记就是人类文明的组成部分。迦勒底－巴比伦文明被看作第一个进行正式簿记或记录活动的文明。从《汉谟拉比法典》得到的考古证据包括：

104. 商人将玉米、羊毛、油或其他货物交为代理商运输，代理商应当出具货物收据，并支付货款。商人收到货款后，应向代理商出具货款收据。

105.若因代理商粗心，付款后未拿到收据，则缺乏凭证的货款不归代理商所有。

106.若代理商收了商人的钱款，但与商人发生争执（不承认收据），商人可在上帝和证人面前发誓他把钱给了代理商，代理商应向他支付三倍金额。[①]

在文明早期，交易记录在泥板上。在埃及时期，交易记录在莎草纸上。经过希腊、罗马和以色列文明，交易系统不断发展。最终，为了强化官员责任，公共账目都凿在石头上。这些记录使得交易、税务评估和付款更加便捷。

小测验

2.以下哪项是最早的交易记录的历史证据之一？

a.《罗马税法》　　　　　　　b.《汉谟拉比法典》

c.希腊商人记录　　　　　　　d.中国贸易记录

会计

1494 年，弗拉·卢卡·帕西奥利（Fra Luca Pacioli）（他从事数

---

① "The Code of Hammurabi," translation by L.W. King, Yale Law School website, http://avalon.law.yale.edu/ancient/hamframe.asp, accessed March 27, 2019.

学、神学、建筑、游戏、军事战略和商业领域的写作和教学工作）出版了《算术、几何、比和比例概要》（以下简称《概要》）一书。其中有一篇关于簿记的论述，正是这一节的内容奠定了帕西奥利"会计之父"的地位。他并不是会计的发明者，但他论述了复式记账的流程，即威尼斯记账法。[1]

他设计的体系包含我们今天所知的大部分会计循环。他在书中论述了关于日记账和分类账的信息，并阐述了借和贷的过程，确定了借贷必相等这一事实。"正如帕西奥利所说，这是威尼斯人簿记中最重要的一点：所有债权人必须放在账本右边，所有债务人必须放在左边。分类账中的所有记录都必须是复式的，即一个债权人必须有相应的债务人。"[2]

他的分类账包含资产，其中又包括应收账款、存货、负债、资本、收入和费用账目。这本《概要》最终被翻译成德语、俄语、荷兰语和英语。

帕西奥利创立的体系是当前所用会计系统的基础。即便经过工业革命、公司浪潮，会计系统在这一基础上也没有发生根本性的改变。然而，1913年，美国会计史上发生了一件大事，即《第十六条修正案》获得批准。修正案要求所有在美国工作的个人都要缴纳联邦所得税。所得税和公司税刚出台时几乎无人理解，还受到强烈抵

---

[1] Jane Gleeson-White, "Luca Pacioli's double entry and the birth of financial management," November 11, 2012, *Financial Management*, http://www.unf.edu/~djaeger/Italy17_files/LPDoubleEntry.pdf, accessed March 27, 2019.

[2] Ibid.

制。大多数公司和个人要么不填写报表，要么提交错误的报表。

几年后，美联储于 1917 年颁布了一份名为"统一会计"（Uniform Accounting）的文件，试图为税务申报和财务报表制定行业标准。

计算器

计算器的历史几乎和簿记一样古老。算盘这种计算器早在公元前 2400 年就开始使用了。

17 世纪早期的计算器为几个世纪后的计算机革命奠定了基础。会计行业自 19 世纪开始使用制表机。从 Gizmodo 网站上我们粗略得到以下关键时间点 [1]：

- 1642 年：布莱斯·帕斯卡尔（Blaise Pascal）发明了帕斯卡计算器，可进行两个数的加、减、乘、除运算。

- 1820 年：查尔斯·泽维尔·托马斯·德科尔马（Charles Xavier Thomas de Colmar）制成了第一台名为 Arithmométre 的批量生产机械计算机。

- 19 世纪：查尔斯·巴贝奇（Charles Babbage）设计出差数机，也是第一台机械计算机。

- 1948 年：柯特·赫兹斯塔克（Curt Herzstark）发明了名为 Curta 的手摇计算器。2 号机型于 1954 年引进，直到 1972 年才停产。

---

① Vincze Miklós, "The History of Early Computing Machines, from Ancient Times to 1981," *iO9/Gizmodo*, June 23, 2013, io9.gizmodo.com/the-history-of-early-computing-machines-from-ancient-t-549202742.

- 1971年：夏普公司（Sharp Corporation）发明了袖珍计算器。

计算机

现代计算机诞生于20世纪。它以高速、自动化和电子表格的引入给会计行业带来了革命性的变化。尽管我们大多数人都经历了这一演变过程，但这里还是列出一些关键时间点：

- 1911年：IBM成立。
- 1938年：由康拉德·楚泽（Konrad Zuse）发明的Z1计算机问世。这是一台使用穿孔带的二进制数字计算机。
- 1947年：威廉·肖克利（William Shockley）在贝尔实验室发明了晶体管。
- 1958年：美国国防部高级研究计划署（ARPA）和美国宇航局（NASA）成立。杰克·基尔比（Jack Kilby）和罗伯特·诺伊斯（Robert Noyce）生产出第一个集成电路，或称硅片。
- 1971年：雷·汤姆林森（Ray Tomlinson）发明了电子邮件。詹姆斯·弗格森（James Fergason）发明了液晶显示器（LCD）。

  戴维·诺布尔（David Noble）和IBM共同发明出软（磁）盘，因其灵活性而得名"软盘"。
- 1973年：罗伯特·梅特卡夫（Robert Metcalfe）和戴维·博格斯（David Boggs）共同建立了一种局域网（LAN）

协议，即以太网（Ethernet）。

施乐公司（Xerox Alto）推出微型电脑，迈出个人计算机发展史上具有里程碑意义的一步。

- 1977 年：苹果公司展出第一台彩图个人计算机 Apple II。

  沃德·克里斯滕森（Ward Christensen）编写了调制解调器（MODEM）程序，两台微型计算机可通过电话线交换文件。

- 1980 年：IBM 雇保罗·艾伦（Paul Allen）和比尔·盖茨（Bill Gates）为一台新的个人计算机创建操作系统。他们从西雅图电脑产品公司（Seattle Computer Products）购入一个简单的操作系统版权，并将其用作开发磁盘操作系统（DOS）的模板。

互联网

想想如今互联网和日常生活的紧密程度，很难相信它出现距今只有 50 年。1969 年，美国国防部成立了高级研究计划局网络（ARPANET），目的是建立一个能够抵御一切灾难的计算机网络。它成为构建今天互联网大厦的"第一块砖"。

1990 年，蒂姆·伯纳斯·李（Tim Berners-Lee）和罗伯特·卡约（Robert Cailliau）提出了用于互联网（Internet）和万维网（WWW）的 HTML 超文本协议。同年，第一家商业互联网拨号接入提供商上线。第二年，万维网向公众开放。

互联网发展的几个关键时间点如下：

- 1994 年：蒂姆·伯纳斯·李成立万维网联盟，旨在帮助开发
  通用协议，促进万维网发展。

  雅虎公司创立。

- 1995 年：推出计算机编程语言 Java。

  杰夫·贝索斯（Jeff Bezos）创办亚马逊。

  皮埃尔·奥米迪亚（Pierre Omidyar）创办易趣（eBay）。

  杰克·史密斯（Jack Smith）和沙比尔·巴蒂亚（Sabeer
  Bhatia）创立 Hotmail。

- 1998 年：瑟吉·布林（Sergey Brin）和拉里·佩奇（Larry Page）
  成立谷歌。

  彼得·蒂尔（Peter Thiel）和马克斯·列夫琴（Max
  Levchin）建立 PayPal。

  苹果发布 PowerBook G3。

- 2001 年：比尔·盖茨推出 Xbox。

  正式推出 Windows XP。

- 2005 年：推出蓝光光盘。

  油管问世。

- 2009 年：Windows 7 发布。

- 2012 年：微软 Windows 8 和微软 Surface 发布。电子商务销售
  额高达 1 万亿美元。

- 2015 年：微软 Windows 10 发布。

云计算

云计算是互联网应用发展的最新成果之一。现在可以在"云"上访问数据和程序，而不必在个人计算机或本地服务器上维护数据和软件。"云"一词诞生于 1997 年，用以代指共享数据服务和第三方访问。云计算的其他最新发展包括 2002 年亚马逊网络服务、2005 年应用服务提供商（ASPs）和 2006 年 Hadoop 的问世。

2018—2019 年值得关注的主要趋势如下：

- 持续将 IT 基础架构迁移到云托管服务。
- 混合云的兴起。
- 强调集成和工作流程。
- 基于云的商业智能。[1]
- 边缘计算。

物联网

物联网（IoT）是指"以互联网为纽带交换数据的网络"。[2] 每个目标都有独一无二的识别码，并且能够在没有任何人机交互的情况下进行机对机通信。例如，你家的入侵警报系统会在门锁遭到破坏

---

[1] Jon Witty, "Four Cloud Computing Trends to Track in 2018," Tech Trends, December 19, 2017, http://enewsletters.constructionexec.com/techtrends/2017/12/four-cloud-computing-trends-to-track-in-2018/.

[2] "The Internet of Things" infographic, *Business Insider*, April 13, 2016, www.businessinsider.com/iot-ecosystem-internet-of-things-forecasts-and-business-opportunities-2016-2?utm_source=feedly&utm_medium=webfeeds.

时自动发出信号。以下是物联网发展的大致进程①：

- 1832 年：俄国外交官希林（Baron Schilling）发明了电报机。一年后，德国人卡尔·弗里德里克·高斯（Carl Friedrich Gauss）和威廉·韦伯（Wilhelm Weber）发明一种代码，可以在 1 200 米以外进行通信。
- 1961 年：通用汽车公司（GM）在新泽西工厂引进第一台工业机器人 Unimate。
- 1969 年：高级研究计划局网络（ARPANET）连接加利福尼亚大学洛杉矶分校和斯坦福大学。
- 1970 年：首款智能车——斯坦福车亮相。它为探月而造，可远程控制，并配有无线摄像机。
  第一部便携式手机上市，重 4.4 磅（约 2.00 千克）。
- 1973 年：马里奥·卡尔杜洛（Mario Cardullo）获得第一个读写射频识别（RFID）标签的专利。RFID 标签的出现让无线传感器成为企业、工业和制造业物联网技术的关键。
- 1993 年：制造出第一个用于监控咖啡壶的网络摄像头。

---

① Jennifer Duval, " Timeline of The Internet of Things, " *HSTRY*, edu.hstry.co/timeline/timeline-of-the-internet-of-things, accessed March 29, 2017；

Gil Press, " A Very Short History of the Internet of Things." *Forbes*, June 18, 2014, https://www.forbes.com/sites/gilpress/2014/06/18/a-very-short-history-of-the-internet-of-things/#9eede0510dee-www.forbes.com/sites/gilpress/2014/06/18/a-very-short-history-of-the-internet-of-things/2/#704ac6176343；

Michael Kanellos, " Can Apple Alums Make a Thermostat Hip?" *Forbes*, October 25, 2011, www.forbes.com/sites/michaelkanellos/2011/10/25/nest-labs-can-apple-alums-make-a-thermostat-hip/#1e52e94271e2.

- 1994 年：作为数据电缆替代品的蓝牙问世，用于连接计算机和键盘、电话。

- 1999 年：麻省理工学院自动识别中心执行主任凯文·阿什顿（Kevin Ashton）发明了"物联网"一词。

- 2000 年：全球定位系统（GPS）被广泛使用。

- 2001 年：自动识别中心提出用电子产品代码作为世间所有物体的唯一识别码。

- 2005 年：Arduino 的开发简化了互连设备。

- 2006 年：Hadoop 进一步发展。

- 2010 年：推出低功耗蓝牙（BLE），使其能够应用于健身、医疗、安全和家庭娱乐行业。

- 2011 年：Nest 实验室推出了传感器驱动、无线网激活、可自主学习、可程序化的恒温器和烟雾探测器。

- 2012 年：互联网协议版本 6（IPv6）通过引入 340 个非固定 IP 地址，增加了可以连接到互联网的目标数量。[1]

- 2014 年：苹果宣布推出 HealthKit 和 HomeKit 两款健康和家庭自动化产品。该公司的必肯（iBeacon）能够提供环境和地理定位服务。[2]

在 2019 年 10 月的 Gartner 公司研讨会 /IT 展览会上，公司分享

---

[1]　Hansi Lo Wang, " IPv6: A New Internet Expands the Web by Trillions of Addresses, " June 6, 2012, *NPR*, www.npr.org/sections/alltechconsidered/2012/06/06/154430791/ipv6-a-new-internet-expands-the-web-by-trillions-of-addresses.

[2]　" Internet of Things: Patent Landscape Analysis, " LexInnova report, 2015, WIPO, www.wipo.int/edocs/plrdocs/en/internet_of_things.pdf, accessed March 29, 2017.

了有关 2020 年十大战略技术趋势的报告，包括以下内容①：

1. 超级自动化——包括机器学习（ML）和机器人流程自动化（RPA）。

2. 多重体验——对话平台，虚拟现实（VR），增强现实（AR）和混合现实（MR）。

3. 专业知识民主化——人人享有技术专业知识。

4. 增强人类能力——对人类的认知和身体的改善。

5. 透明度和可追溯性——个人数据，道德规范，所有权。

6. 边缘计算——数据离用户更近。

7. 分布式云——云的去集中化。

8. 自动运作的物体——机器人，无人机，轮船，设备。

9. 实用区块链——仍不成熟，但有潜力。

10. 人工智能安全。

数据的类别及其特点

相信你对一些技术领域的历史和快速发展已经有所了解，表 2-1 展示了刚刚学习的七个类别，以及它们在数据体量、信息生成方式和数据分析的类型三方面的特点。考虑到对未来会计职业的影响，这些类别和特点会令会计师感兴趣。会计工作的一个重要内容是为决策准备和处理数字。大数据——由于不需要准备和处理数据——或许会让许多较低级的会计工作消失。

---

① "Gartner Identifies the Top 10 Strategic Technology Trends for 2020." Gartner. Accessed March 5, 2020. https://www.gartner.com/en/newsroom/press-releases/2019-10-21-gartner-identifies-the-top-10-strategic-technology-trends-for-2020.

表 2 - 1　从保留记录到信息处理再到大数据的演变

类别	数据体量	信息生成方式	数据分析的类型
簿记	低 / 交易	人工	无
会计	低 / 交易	人工	时间占比最低 / 人工报表
计算器	中 / 交易	人工 / 微自动化	时间占比最低 / 人工报表
计算机	高 / 交易 / 报表	人工 / 高自动化	大量的自动化、结构化分析
互联网	高 / 交易 / 报表	人工 / 高自动化	大量的自动化、结构化分析 + 数据检测，以发现确凿或有竞争力的数据
云计算	高 / 交易 / 报表	人工 / 高自动化	大量的自动化、结构化分析 + 大量的非结构化数据 + 数据检测，以寻找确凿或有竞争力的数据 + 分析大量数据的预测工具
物联网	无限 / 非结构化	自动生成传感器等	大量的自动化、结构化分析 + 大量的非结构化数据 + 数据检测，以寻找确凿或有竞争力的数据 + 分析大量数据的预测工具 + 用于收集、归档、评估和预测数据模式、趋势和战略行动的自动化应用

小测验

3. 谁打造了当今互联网大厦的第一块砖？

a. 加利福尼亚大学洛杉矶分校　　b. 美国国防部

c. 斯坦福大学　　　　　　　　　d. 哈佛大学

小企业看大数据

下面来看一个园林绿化企业的例子，看它如何利用大数据资源在运营、财务和客户方面产生更多洞见。

想象你是一家员工不足 50 人的园林绿化企业的老板。对会计或管理理论不甚了解的你靠一些设备和一辆卡车就开始了这门生意。一辆卡车、拖车和商用割草机是你仅有的设备。你先预估了一下客户能接受的最高价格，然后按固定收费去外面招揽生意。你一天到晚都在工作，用拖车拉着割草机去客户那儿割草，天天如此。在某个周、某个月或某个绿化季结束时，你会根据账户里的现金余额判断企业是否成功。企业很简单，你是唯一的雇员，需要支付的只有油费、维修费、极少的广告费和人工费。随着业务的发展，你雇了一些员工，买了更多的设备，并希望对员工和设备的额外投资能带来更大幅度的现金利润增长。

作为老板，你最终还是使用了财务和操作系统，这让业务变得比以往更复杂。尽管你关心的仍然是现金，但现在你定期会从一家会计师事务所收到财务报表。你做的是典型的小生意，员工们努力寻找客户和业务、承担债务、养活自己。

表 2-2 描述了一般情况下如何经营小企业。如何利用大数据概念来提升园林绿化业务水平？

表 2-2　草坪修剪及绿化业务示例

当前	利用大数据
工人在公司取卡车、拖车、割草机	让员工发短信告知开始时间（可核实）
给卡车和割草机加油	
前往客户处	可优化交通路线，追踪实际路线（偏差），监控重要卡车标识

续表

当前	利用大数据
卸装备	可追踪卸割草机的时间
割草	可通过缺口、机器发动时长、运行距离、机器速度追踪割草方式；可以追踪正在播放的音乐，可以追踪发动机熄火的时间。可以拍摄完成工作的照片——四张标准照
将割草机装上拖车	可追踪装割草机的时间
去下一个客户那里（重复过程）	可优化交通路线，追踪实际路线（偏差），监控重要卡车标识
把卡车、拖车、割草机返还公司	可记录时间并拍摄设备状况
我们通常获取的数据	**我们能获取的数据**
工作开始时间（考勤卡）	每一步的详细时间分析
到达客户处的时间	所有设备的机械评估
从客户处离开的时间	割草机的机械性能评估，可以作为质量的预测指标
继续下一个任务的时间	音乐可用来衡量工作的及时性、质量
下班时间（考勤卡）	照片可以记录工作开始和结束时设备的状况，也可以记录草坪修剪的质量
客户已结款	照片也可以用作客户调查、服务凭证或证明
老板根据以下指标计算利润率	**面对几种工作，现在可以更好地评估每种工作的时间和成本**
拖车油费	可以评估工作质量和员工素质
卡车油费	可以为现有客户制定优化标准
工人工时费	如果多个员工执行多个割草任务，可以设定更优标准
设备折旧	任何机械故障都可以在出现警告标识前处理
设备维护	照片也可以用来监测实际工作时间
老板根据20年的经验和竞争对手的定价确定报价	业主根据自己的经验评估报价，并加大对大数据的访问

小企业挖掘大数据的能力或许有限，但是费用通常不高，而且这些信息（如果使用得当）可以提高企业的效率、生产能力和利润。

此外，基于前面的示例，园林绿化企业的老板可以分析许多大数据因素以及客户行为，包括付款及时效、续订日期、社交媒体评论和净推荐值。

大数据源

组织可以访问各种大数据信息源。在表2-3中数据来源被分为五类：

表2-3 数据来源

客户数据 供应商数据 产品数据 运费数据 会计数据 营销数据 员工数据	流量计数 与会者 呼叫数 射频识别	电子邮件 调查 PDF 文档 文稿演示 文件 图片 视频 音频 顾问信息	产业数据 政府数据 年鉴 基准	推特 领英 脸书 谷歌搜索信息 网络 射频识别 全球定位系统 物联网 图片 视频 音频 电子化数据 　收集、分析 　及检索系统 　（Edgar） 产业数据 政府数据 顾问信息

1. 公司拥有的结构化数据。

2. 公司拥有但尚未使用的结构化数据。

3. 组织机构拥有的非结构化数据。

4. 组织机构没有的结构化数据。

5. 组织机构没有的非结构化数据。

会计师非常熟悉第一类和第四类。这两类最典型的代表就是传统的会计和财务应用。此外，它们还用于进行比率和解释性分析，以对系统中的结构化数据提供见解。一些公司可能已经探索了如何使用第二类数据（拥有但未使用的结构化数据），特别是开发了关键绩效指标等重点领域的公司。真正的难点在于如何利用第三类和第五类数据（非结构化数据）。

在表 2-4 中，访问每种数据所需的工具大致如下：

表 2-4　数据上报与处理

拥有的结构化数据	拥有的但尚未使用的结构化数据	拥有的非结构化数据	没有的结构化数据	没有的非结构化数据
传统信息技术系统	识别	分析	获取	获取
Excel 数据库 报表 预测	登记 分拣 关联 预测	识别 登记 分拣 关联 预测	登记 分拣 关联 预测	分析 识别 登记 分拣 关联 预测

● 在第一类数据中，数据的上报和处理涉及传统的账目汇集、报告、预测和分析。

- 第二类数据要求组织机构识别那些有助于得出洞见的信息。一旦识别，公司必须对信息进行登记，允许该信息的访问。在分拣过程中挑出必要的信息，丢弃不用的信息。最后，将这些信息与其他财务信息相关联，以确定是否可以从这些信息中推断出组织财务绩效的影响因素。

- 用于第三类数据的工具可评估组织机构以前未考虑但目前可访问的非结构化数据。通常，组织机构会通过分析来确定数据是否有进一步分析的价值。如果有，就会采取与第二类数据相同的处理模式。

- 在第四类数据中，所用工具必须识别组织外部可获取但未收集的结构化数据。一旦识别，就要收集、转换或与其他现有数据相关联，并对其进行分析以获取见解。其中一个例子就是获取每月 IPS 数据，并将这些数据与每月销售额进行比较，以确定是否存在相关性。每月的 IPS 数据也将用于定期分析组织机构的各项活动（如销售）。

- 第五类是组织机构没有且不了解其价值的非结构化数据。在这一类中，必须首先获取非结构化数据，一旦获取，就进行分析评估，以确定数据是否有价值，从而预测对组织可能造成的财务影响。

📈 大数据的来源

大数据无处不在。你可能知道其中一些，如脸书、领英，还有许多人每天使用的大型社交媒体网站。但你可能没有意识到，像脸书和领英这样的网站可用尽网页的一切功能来收集数据，包括帖子、消息、照片和搜索。大数据的其他来源包括：

- 谷歌搜索。
- 邮件数据库。
- 零售客户关系管理（CRM）。
- 健康记录，包括保险、医院、心理健康、监狱。
- 论坛。
- 社交媒体。
- 推特。
- 射频识别（RFID）标签。
- 可用 GPS 的设备。
- 智能仪表。
- 油管。
- 政府数据库。
- 亚马逊。
- 交叉销售。

你知道大数据的最大来源是什么吗？根据 IBM 的一项调查，目前追踪到的大数据的主要来源是交易。其他调查结果见表 2 - 5。①

---

① "Analytics: The Real-World Use of Big Data," IBM, accessed March 16, 2019, https://www.ibmbigdatahub.com/whitepaper/analytics-real-world-use-big-data.

表 2 - 5

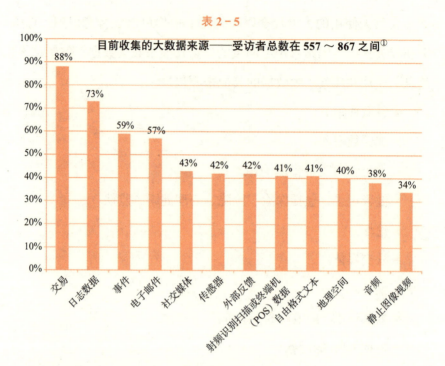

资料来源：IBM-Analytics: The real-word use of big data.

　　为了解从事大数据研究的人员的更多信息和他们所面临的挑战，以及将来希望从事此类研究的人员所面临的障碍，SAGE 出版集团与世界各地的社会科学家进行了一项调查。

　　大数据的另一个主要来源是从物体、动物和人身上收集的信息。生成大数据的活动或工具如表 2 - 6 所示，这些信息来自远创科技（Vitria）的一项调查。①

———————————

　　① "Real-Time Big Data Analytics + Internet of Things = Value Creation," Vitria, January 2015, www.vitria.com/infographics/2015-real-time-big-data-analytics-and-iot-infographic, accessed April 10, 2020.

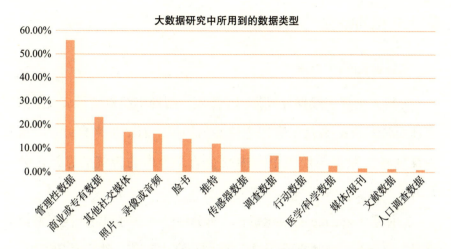

资料来源：Metzler, K., Kim, D.A., Allum, N., & Denman, A. (2016). Who is doing computational social science? Trends in big data research (Whitepaper). London, UK: SAGE Publishing. doi: 10.4135/wp160926. Retrieved from https://us.sagepub.com/sites/default/files/compsocsci.pdf.

表 2 - 6

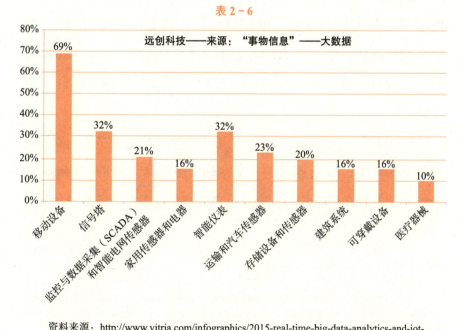

资料来源：http://www.vitria.com/infographics/2015-real-time-big-data-analytics-and-iot-.

⊡ 大数据的特点

大数据的四个维度

分析人士将大数据分解为四个维度，帮助组织机构了解大数据管理面临的挑战来自所有四个特性的扩展，而不单来自体量。这些维度将大数据与历史范围内或企业系统内的传统信息源区分开来。

1. 体量（volume）：表示每秒、每分钟、每小时和每天生成的数据量。每天生成的数据量从吉字节增长至太字节，然后是拍字节。据 IBM 估计，截至 2020 年将生成 40 泽字节的信息。[1]

2. 速度（velocity）：表示生成和处理数据的速度。能够在几秒内利用流数据进行预测。据 IBM 估计，到 2016 年全球将有 189 亿个网络连接，意味着人均有差不多 2.5 个连接。[2] 截至 2019 年 3 月，Statista（在线的统计数据门户）报告称有 266.6 亿台互连设备。[3]

3. 多样性（variety）：表示广泛可用的数据的类型多样。数据可以是结构化的、非结构化的、文本的、多媒体形式的。Statista 在 2019 年 3 月发布的报告称，全球可穿戴连接的医疗设备数量预计将

---

[1]　"The Four Vs of Big Data" infographic, IBM, accessed April 10, 2020, http://www.ibmbigdatahub.com/infographic/four-vs-big-data.

[2]　Ibid.

[3]　"Internet of Things (IoT) connected devices installed base worldwide from 2015 to 2025 (in billions)," Statista, accessed April 10, 2020, https://www.statista.com/statistics/471264/iot-number-of-connected-devices-worldwide/.

从 2016 年的 5.26 亿增加到 2022 年的 11 亿多。①

4. 真实性（veracity）：表示数据的可靠性或准确性。目前，数据具有一定程度的可靠性和不确定性。对不精确数据进行管理，掌握其可靠性和不确定性至关重要。

小测验

4. 预计 2022 年可穿戴无线健康监测仪的数量将达到多少？

a. 5 亿　　　　　b. 7 亿　　　　　c. 11 亿　　　　　d. 15 亿

大数据的其他特点

大数据的范围很广，其目的是捕捉尽可能大的群体，而非小数据集。理想情况下，数据具有以下特征：详细、相关性和灵活。数据应该非常详细，能够索引数据的重要子集，这些子集可用于挖掘和预测。数据应该具有相关性，允许连接来自不同数据集的字段。数据应该是灵活的，这样就不难添加额外的字段或数据（增加体量）。表 2 - 7 为小数据和大数据的特点。

表 2 - 7

特点	小数据	大数据
体量	不大	非常大，整个群体
网罗度	个体	整个群体

---

① "Wearable technology-Statistics & Facts," Statista, accessed April 10, 2020, https://www.statista.com/topics/1556/wearable-technology/.

续表

特点	小数据	大数据
分辨率和识别率	弱到强	强
相关性	弱到强	强
速度	慢、定格或捆绑的	快、连续
多样性	不广	广
灵活度和可伸缩度	低到中	高

示例：零售调查

假设我们经营一家有多家分店的零售店。这家商店出售各种宠物产品，包括用品、食品和玩具。思考以下商店可能希望从客户或供应商处获取或捕捉的数据示例：

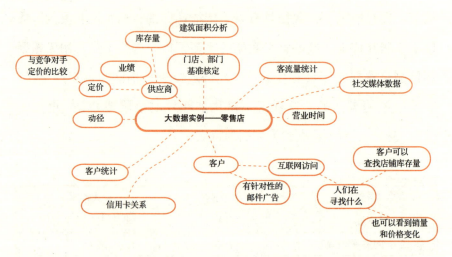

1. 客户：客户以多种方式进行交互。对大数据感兴趣的企业将通过各种方法、在不同阶段从客户那里收集数据。

a.互联网访问：假设客户正通过互联网访问商店。商店将尝试通过以下方式识别客户：

ⅰ.登录身份。

ⅱ.主店铺。

b.关键产品和 / 或销售数据。

ⅰ.人们在寻找什么？

（1）特定产品、价格或价格变动。

（2）商店的位置和库存量。

（3）顾客想买多少？

（4）他们想去门店提货吗？

（5）还考虑了哪些配件或关联物品？

c.有针对性的邮件广告：根据客户共享的偏好，可以通过电子邮件或短信进一步联系客户，吸引其购买。

2.供应商：企业供应商应该希望拥有系统中重要数据的访问权限。

a.业绩：产品过库的速度？是否完全满足采购需求？

b.库存量：库存有多少？此外，根据交货期，何时需要补货？如果有大量产品退回，原因是什么？

c.定价：

ⅰ.与竞争对手定价的比较。

ⅱ.根据零售价格的变化，供应商和物流是否发生变化？

3.客户统计：

a. 客户来自哪里或他们住在哪里？

b. 客户是否愿意配合调查？

c. 客户对企业是否足够信赖？

4. 动径：

a. 有多少人从前门进来？

b. 客户是什么时候进来的？

5. 营业时间：

a. 哪个时段的销售额最高？

b. 哪个时段的回报率最高？

c. 哪个时段附设服务销量最好？比如一家小型食品店（内设的快餐店）。

6. 信用卡关系：

a. 客户的付款方式。

ⅰ. 现金。

ⅱ. 支票。

ⅲ. 信用卡。

（1）附属卡。

（2）卡片类型。

（3）能否刷卡？

7. 门店、部门基准核定：每笔销售交易都可以店内各部门为单位进行汇总。

a. 建筑面积分析。

b. 与特定部门每周营销手册、电子邮件等相关的销售。

8. 社交媒体数据：

a. 用户是否就产品或服务发表了评论？

b. 用户是否尝试点击产品的在线优惠券？

c. 如果主店没有存货，用户是否查找了二级商铺？

练习

1. 在簿记、会计、计算器和大数据相互关系的基础上，说一说大数据的演变。

2. 阐述大数据的来源。

3. 大数据包括哪四个维度？

4. 列出任意三个大数据来源，或用于小型零售企业的结构化或非结构化数据。

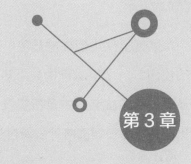

第 3 章

大数据的趋势

● 区分不同的大数据趋势。

导语

大数据呈现出怎样的趋势？未来几年企业如何应对和计划大数据的使用？一个组织机构如果知道如何访问和使用大数据，就能获得显著的竞争优势。本章所提及的趋势应与公司的大数据方法进行对比，并作为公司战略计划研讨的基准。

一流大数据和分析趋势

首先让我们看看那些影响 2020 年和未来的趋势。

围绕大数据的活动持续增多，并在许多机构中变得司空见惯。在接下来的章节中，我们将尝试认识 2020 年的一些趋势，同时介绍过去几年中普遍存在的趋势。专业人士会去理解和探索以下内容的可能性。而那些无视大数据潜力的企业则面临落后甚至可能无法赶上竞争对手的风险。

以下为 2020 年商业智能的新趋势[①]：

1. 成为实时运作企业不再是可选项。

2. 大数据就是数据，并且是广数据。

3. 图形分析和关联技术超越了结构化查询语言（SQL）。

4. 数据运营（DataOps）结合自助服务将是新的便捷的方案。

[①] "2020 Data & BI Trends: Analytics Alone Is No Longer Enough." QLIK. Accessed March 5, 2020. https://www.qlik.com/us/-/media/files/resource-library/global-us/register/ebooks/eb-2020-data-and-bi-trends-en.pdf.

5. 活跃的元数据目录是数据和分析的有机结合。

6. 数据素养将会作为服务出现。

7. 多方面的互动将使我们超越搜索范围。

8. 道德和负责任的算法至关重要。

9. 数据的"沙赞（Shazam）"：什么是可能的。

10. 数据独立与堆栈：SEQUEL（MySQL 数据库管理工具）。

以下为 2019 年商业智能的新趋势[①]：

- 可提供解释的人工智能兴起——除了结论和建议之外，人工智能还将提供解释以帮助用户更清楚地了解所给建议的基础。

- 自然语言使数据更人性化——系统将能够理解用户查询的意图。这将使访问和操作数据更加容易。

- 可行的分析将数据置于内容中——商业智能平台将允许用户分析和采取措施，而不是等待其他人查看和建议措施。

- 数据协作扩大了社会的良好影响——公共部门和私营部门组织努力在"数据为善"运动中使用技术。

- 道德规范要紧追数据发展的趋势——必须升级道德政策（针对 GDPR（《通用数据保护条例》）等法规），以纳入快速变化的技术和数据实践。

- 数据管理与现代商业智能平台融合——组织必须确定如何捕获、清理、定义和协同不同的数据。

---

① "Business Intelligence Trends," Tableau Software, accessed April 12, 2020, https://www.tableau.com/reports/business-intelligence-trends.

- 讲故事是公司的新语言——领导者必须营造一种文化，使团队负责识别和传达数据见解。

- 企业在采用分析方法方面变得更明智——除非员工在日常业务运营中采用工具 / 系统，否则分析项目不会成功。

- 数据民主提升了数据科学家的地位——数据科学家发展了软技能，以简单、可操作的方式交流结论。

- 加快云端数据迁移推动了现代商业智能的采用——机构必须重新考虑其数据策略，从本地存储到云。

下面各小节中所提到的发展趋势是通过以下领先的咨询公司的调查和研究得出的。

- Gartner 公司。

- NVP 公司（New Vantage Partners）。

大数据调查

Gartner 是一家领先的信息技术咨询公司。

Gartner 公司强调了机构需要在 2020 年探索的顶级战略技术趋势。[①]

Gartner 公司将战略技术趋势定义为具有巨大颠覆性潜力的趋势，这种趋势正在摆脱新兴国家的影响并得到更广泛的应用，或者快速发展并且变化很大，将在未来五年达到临界点。

---

① Gartner, "Gartner Identifies the Top 10 Strategic Technology Trends for 2020," https://www.gartner.com/en/newsroom/press-releases/2019-10-21-gartner-identifies-the-top-10-strategic-technology-trends-for-2020, Accessed April 13, 2020.

2020 年的十大战略技术趋势是：

1. 超级自动化——包括机器学习和机器人流程自动化。

2. 多重体验——对话平台，虚拟现实，增强现实和混合现实。

3. 专业知识民主化——人人享有技术专业知识。

4. 增强人类能力——对人类的认知和身体的改善。

5. 透明度和可追溯性——个人数据，道德规范，所有权。

6. 边缘计算——数据离用户更近。

7. 分布式云——云的去集中化。

8. 自动运作的物体——机器人，无人机，轮船，设备。

9. 实用区块链——仍不成熟，但有潜力。

10. 人工智能安全。

Gartner 公司也提到其他一些有趣的大数据类别和信息采集方式。

无人机的使用增多

Gartner 公司预测，由于无人机产能的显著提高，2018—2028 年间，无人机市场将以 40% 的复合年增长率增长。全球安装设备的用户群将从 324 000 增长到超过 900 万。[1]

物联网——连通性 [2]

Gartner 公司预测，到 2020 年，企业和汽车物联网（IoT）市场

[1] Gartner, "Forecast: IoT Enterprise Drones by Use Case, Worldwide, 2018-2028." https://www.gartner.com/en/documents/3956346/forecast-iot-enterprise-drones-by-use-case-worldwide-201, Accessed April 13, 2020.

[2] "Gartner Says 5.8 Billion Enterprise and Automotive IoT Endpoints Will Be in Use in 2020." Gartner. Accessed March 23, 2020. https://www.gartner.com/en/newsroom/press-releases/2019-08-29-gartner-says-5-8-billion-enterprise-and-automotive-io.

将增长到 58 亿终端，比 2019 年增长 21%。到 2019 年底，预计将会有 48 亿终端被使用，比 2018 年增长 21.5%。

公共事业设备将是物联网终端的最大用户，2019 年将达到 11.7 亿终端，2020 年将增长 17%，达到 13.7 亿终端。Gartner 咨询公司高级研究主管彼得·米德尔顿（Peter Middleton）表示："住宅和商业用电智能电表都将推动物联网在公共事业中的普及。""人身安全将在 2020 年成为物联网终端的第二大用途，建筑物入侵者检测和室内监控用例将推动物联网的发展。"

由照明设备驱动的楼宇自动化将是 2020 年增长最快的部分（42%），其次是汽车和医疗保健，预计到 2020 年将分别增长 31% 和 29%（见下图）。在医疗保健领域，慢性病监测将使用大多数物联网终端，而在汽车领域中，可以连接物联网的汽车将通过一系列附加设备来完成特定任务，例如车队管理。

埃森哲趋势与调查

2020 年 2 月，埃森哲咨询公司发布了《埃森哲技术愿景 2020》[1]，对未来三年的技术趋势进行了预测，包括以下五个关键主题。

1. 我的体验。

领先的企业正在与客户共同创造在线数字体验。人们希望获得

---

[1] Carrel-Billiard, Marc, Paul Daugherty, and Michael Blitz. " Technology Vision 2020. " Accenture. Accenture, February 11, 2020. https://www.accenture.com/us-en/insights/technology/technology-trends-2020.

物联网终端市场——Gartner公司预估

资料来源：Gartner (August 2019).[①]

定制化的许多好处，但是他们对公司用于交付定制方案的非透明方法表示怀疑。5G 和 AR 的兴起给公司领导者施加了更大的压力使其成为现实。

2. 人工智能和我。

人工智能的全部潜能从简单的任务自动化转变为人类与机器之间强大的协作工具。成功的企业将了解环境在人机交互中的重要性，并在大规模协作方面取得进展。

① "Gartner Says 5.8 Billion Enterprise and Automotive IoT Endpoints Will Be in Use in 2020." Gartner, August 29, 2019. https://www.gartner.com/en/newsroom/press-releases/2019-08-29-gartner-says-5-8-billion-enterprise-and-automotive-io, Accessed April 13, 2020.

3.智能装备的困境。

产品所有权的观念正在发生根本变化。在许多情况下，人们购买产品时不再只是购买实际的产成品，而是购买不断发展的产品体验渠道。公司必须认识到这一点，并努力设计其产品和生态系统以适应不断变化的需求。

4.野外机器人。

在硬件成本下降和5G网络兴起的推动下，机器人从仓库和工厂走出来。随着机器人功能超越受控环境，公司将面临人才、人机交互问题以及涵盖整个世界的测试平台的挑战。

5.创新基因。

企业可以通过专注于公司创新DNA的三个关键组成部分来改变创新方式。成熟的数字技术，科学进步以及诸如DARQ（或分布式分类账技术）、人工智能、扩展现实（XR）和量子计算等新兴技术可以不断为企业注入新的技能和思想。领导者正在引入这些技术，共同构建基石，为公司的未来奠定基础。

技术成熟度曲线

Gartner公司还制作了"技术成熟度曲线"，阐明了29种必看技术，并估计了这些技术成为主流的时间。它们建议"技术创新领导者应利用'技术成熟度曲线'中强调的创新概况来评估新兴技术的潜在商机"。

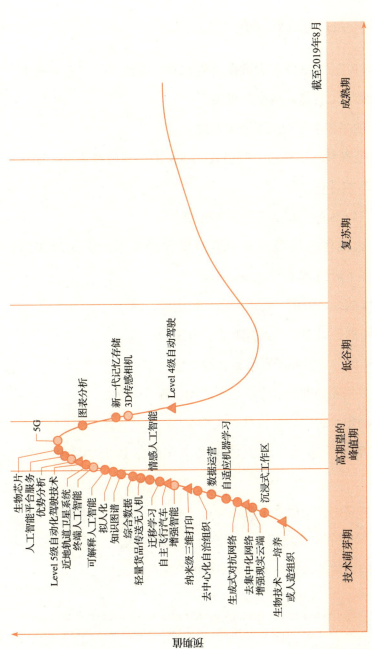

资料来源："Gartner Identifies Five Emerging Technology Trends With Transformational Impact." Gartner. Accessed March 22, 2020. https://www.gartner.com/en/newsroom/press-releases/2019-29-08-gartner-identifies-five-emerging-technology-trends-with-transformational-impact.

NVP 公司大数据高管调查 [①]

根据 NVP 公司 2020 年大数据高管调查，主流大公司正在努力利用大数据和人工智能获得业务成果。

2020 年的报告主要有以下重大发现：

- 尽管投资率趋于平稳，但仍有 98.8% 的公司投资于大数据和人工智能计划。

- 只有 14.6% 的公司部署了人工智能。

- 人工智能作为所用技术中最颠覆性的技术，从 2019 年的 80.0% 下降到 2020 年的 69.5%。

- 73.4% 的公司表示，公司采用大数据仍很困难。

- 37.8% 的公司创建了数据驱动的组织。

- 26.8% 的公司发展了数据驱动的文化。

- 实现数据驱动的最大障碍是人员和流程（90.9%）。

- 很难确定组织中数据的单一责任点。

- 进攻增长策略是追求大数据和人工智能投资的主要动因（89%）。

- 对区块链的投资似乎正在减少。

- 超过 70% 的企业表示正在获得可度量的结果。

最具影响力的颠覆性技术是人工智能和机器学习。

---

① NewVantage Partners LLC, "Big Data and AI Executive Survey 2020," 2020, http://newvantage.com/wp-content/uploads/2020/01/NewVantage-Partners-Big-Data-and-AI-Executive-Survey-2020-1.pdf Accessed April 13.

在颠覆性技术方面的投资——NVP公司

图例: ■人工智能/机器学习 ■云端运算 数字化转型 区块链

企业采用颠覆性技术所面临的最大挑战:

使用数据驱动面临的主要挑战	2018年	2019年	2020年
人员-业务流程-文化	80.9%	92.5%	90.9%
技术	19.1%	7.5%	9.1%

小测验

1. 根据 NVP 公司的调查,变革的最大障碍是什么?

a. 预算有限   b. 技术约束

c. 人、业务流程、文化   d. 行政政策

2.下面哪一项能准确描述 NVP 公司关于区块链的发现？

a. 企业对区块链的兴趣趋于稳定。

b. 企业对区块链的兴趣不断增加。

c. 企业对区块链的兴趣正在消失。

d. 企业对区块链的兴趣保持不变。

练习

列出近年来的几种技术趋势。

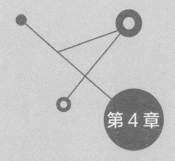

第 4 章

大数据战略及商业应用

| 学习目标 |

- 认识到某个大数据战略背后的根本原因。
- 了解大数据的目标。
- 了解大数据的战略影响。

导语

所有的商业活动必须给股东或利益相关者带来价值增加。本章我们将思考大数据对组织机构的战略影响。一个组织机构在大数据方面应该设定什么目标？应该制定什么战略来实现这些目标？如何开始大数据的运用？要解决这些问题，首先要确定组织机构的总体目标，确定如何使用大数据来帮助实现这一目标。

营利性机构以提高企业价值为主要目标或宗旨。非营利机构的主要目标或宗旨是为客户或利益相关者提供更好的生活、服务和机会。在图4-1中，请注意中心目标是金钱、时间或价值。

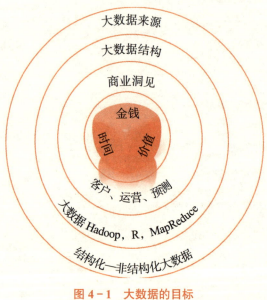

图 4-1　大数据的目标

金钱、时间、价值之外的第一个圆圈代表商业洞见。为了给企业或利益相关者带来价值增加，相关组织机构必须考虑影响客户、运营或未来结果预测的商业洞见。为此付诸行动时，这些洞见应该能提高组织机构的价值。

第二个圆圈代表大数据结构。体系结构表明，要使组织机构获得商业洞见，很可能需要投资于大数据结构。大数据结构中有大量的硬件、软件和顾问。它还涉及 Hadoop、R 和 MapReduce 等软件程序。可以肯定的是，如果不投资于大数据结构，将很难生成与大数据相关的商业洞见，而这些洞见能产生更大的价值。

最外圈代表大数据来源。这一层包含了之前讨论过的所有结构化和非结构化大数据。如果一个组织机构不愿意或无法访问和分析大数据来源，将无法生成能够为企业或利益相关者带来价值增加的商业洞见。

小测验

1. 大数据要求所有的商业行为都要把_____作为其根本目标。

a. 为股东或利益相关者带来价值增加

b. 增加可扩展结构

c. 增加大数据容量

d. 数据集聚

📊 大数据的目标

大数据分析的首要目标是提供商业信息。通过分析数据和趋势，企业可以获得有价值的洞见，这些洞见可以应用于几乎所有业务领域。大数据帮助实现这一首要目标的具体方式如下：

- 将数据货币化或解释数据，以形成可货币化的竞争优势。
- 分析操作有效性——机器传感器、产品故障和交通路线。
- 创建可靠、可扩展和有能力的基础设施，以帮助收集数据、分析和做出推断。
- 访问和使用结构化、非结构化、内部和外部的流数据。
- 预测商业、社会、政治、经济、技术和环境趋势。
- 依据规定情景采取行动。

机构如何规划使用机器学习、商业智能与分析？[1]

- 自动发现可执行的数据洞见。　　　　　54%
- 提高信息的准确性和质量。　　　　　　47%
- 通过给予建议来促使用户决策。　　　　42%
- 帮助用户查找、选择和使用数据进行分析。 38%
- 为政府和安全性进行自动数据分类。　　35%
- 改善 / 自动化数据目录或元数据存储库。 34%

---

① Stodder, David. "BI and Analytics in the Age of AI and Big Data." https://www.oracle.com/a/ocom/docs/middleware/application-integration/tdwi-bp-report.pdf?elqTrackld=915e6e26e9e64493b61cb60977243b58&elqaid=79756&elqat=2.

与大数据相关的商业洞见

我们可以通过下述内容直观感受大数据的广泛应用。数据的许多构成部分涉及多个行业。

1. 客户分析。如第 3 章所述，大数据的主要来源之一是交易。客户提供的此类信息可用于深入了解其行为的方方面面，包括：

- 放弃产品或服务。
- 分析客户浏览公司网站时的行为。
- 监测客户对产品的使用，以发现制造或设计上的问题。
- 识别高价值客户。
- 识别交叉销售机会和追加销售机会。
- 确定哪些客户不会参与交易。
- 识别、锁定和留住客户。
- 将点击流数据与交易数据结合起来，以完善客户概况。
- 只为客户提供其感兴趣的产品。
- 确定客户行为或产品偏好。
- 明确客户细分。
- 记录和分析客户服务和支持问题。
- 吸引品牌拥护者，改变对品牌不认可之人的看法。
- 授权客户进行产品销售。
- 使客户能够更快锁定产品。
- 提高客户忠诚度或净推荐值。

- 分析智能手机或移动数据——包括详细记录处理、社会分析、客户流失预测、地理绘图。
- 分析销售点数据。
- 创建论坛——汇集创意和解决方案。

2.制造业。制造商可以从各种活动中获取实时数据，从而深入了解许多因素，包括：

- 产品质量或缺陷跟踪。
- 供应链管理和规划。
- 优化机器。
- 工程分析。
- 预测性维护。
- 过程和质量分析。
- 保修索赔的可能性（基于社交媒体评论或投诉）。
- 企业资源规划——运营、服务提供、供应链管理和日常决策自动化。
- 过程和程序的持续改进。

3.研发。近来，联邦政府意识到大数据对于研发的潜在价值，因此发起了一项新的倡议，旨在通过收集数字数据获取洞见，帮助解决国家层面的问题。在商业层面，大数据可在以下方面提供帮助：

- 监控产品质量。
- 识别客户对潜在新产品的需求。
- 征集客户对产品的看法。

- 基于客服中心的数据改进产品。

4.分配。随着仓库和配送中心越来越高科技，它们现在可以生成信息，用于监测和追踪劳动力、库存和设备，包括：

- 监控产品出货。
- 识别物流成本的差异。
- 确定库存量。
- 使用 GPS 等定位数据。
- 使用射频识别技术。
- 使用分配优化技术。

5.物流。"事物的信息"是物流中一个巨大的新数据源。它可用于追踪货物并提供以下洞见：

- 需求预测。
- 供应链分析。
- 追踪。
- 交付预测。
- 旅游业——搜索、定价、捆绑（航空、酒店、汽车、轮船、娱乐）。

6.市场营销。市场营销部门熟知如何使用数据来确定客户的习惯。通过大量访问数据，该部门可以将自己的洞见用于：

- 确定营销活动的效力。
- 确定渠道效力。
- 监测和改善客户体验。

- 根据地理位置和人口统计数据定制营销活动。

- 开展广告和公关活动——传递需求信号、投放定向广告、分析情绪、获取客户、采用促销和其他推广手段。

- 进行品牌情感分析。

- 进行产品布局优化。

- 回应建模。

- 留客建模。

- 进行基于市场的分析。

- 提供净推荐值。

- 进行客户细分。

7. 预测。大数据或许会让在商业以外的领域进行预测成为可能。其中包括：

- 犯罪和风险分析。

- 天气。

- 投资。

- 矿产位置。

- 天文物理学。

- 健康。

- 关系。

8. 操作分析。操作分析利用来自机器传感器的信息从多方面改进操作，包括：

- 更准确、及时的决策。

- 日志和运行数据的偏差分析。
- 生产或零售点布局。
- 供应链优化。
- 动态定价。

9. 人力资源。一些零售公司使用可穿戴技术追踪员工在门店内的通信和行动。尽管这是一个将大数据用于人力资源的极端例子，但利用员工信息，许多公司可以：

- 确定可能要离职的员工。
- 监督招聘活动。
- 确定外部候选人的招聘。
- 查看简历数据。
- 进行员工搜索。
- 建立员工未来团队。

10. 会计。在本书其他章节，我们将讨论大数据在以下方面的应用：

- 衡量风险。
  - 信用风险。
  - 市场风险。
  - 操作风险。
- 预算、预测、计划。
- 欺诈检测。
  - 检测多方欺诈。

❑ 实时预防欺诈。

● 算法交易。

● 客户分析。

● 重复付款。

● 定价、商业智能和数据挖掘。

11. 竞争。

● 跟踪竞争对手的价格。

● 跟踪竞争对手的销售。

● 跟踪竞争对手的营销计划。

● 规划竞争格局。

12. 媒体和电信。网络优化、客户评分、通讯保障、预防欺诈。

13. 能源。智能电网分析、探索、运行建模、电源线传感器。

14. 医疗和生命科学。生物信息学、药物研究、临床结果研究、药物遗传学、新生儿监护、重症监护室监测、流行病预警系统、远程医疗保健监测，返院可能性。

● 药物发现。

● 健康疗法。

● 健康诊断。

15. 政府。

● 合规性。

● 风险分析。

● 执法、防御和网络安全（例如，实时监测、态势感知、网络安全检测、车牌跟踪、GPS 跟踪）。

- 自然系统——野火管理、水管理、野生动物管理。

- 交通——智能交通管理。

- 反避税、反逃社保、反洗钱、对恐怖分子的侦察、通信监测、市场管理、武器系统与反恐、计量经济学、健康信息学。

16. 非结构化数据。与前面的许多章节相关。

- 传感器数据——汽车、电器、机器、温度数据、安全数据、自动售货机。

- 社交网络——从用户的评分、评论和博客中生成的情绪数据。

- 短信软件——应用程序日志。

- 互联网搜索——文本和文档，挖掘。

- 数字图像和视频。

- 语音数据。

- 网络——网络分析，社交媒体分析，多元测试（多元测试是用于测试某个假设的技术，其中有多个可修改变量。多元测试的目标是在所有可能性中寻找最佳变量组合。网站和移动应用程序是由可变元素组合而成的）。[1]

- 其他——文本分析、业务流程分析。

- 点击流——用户在上网时留下的虚拟轨迹。点击流是用户在互联网上的活动记录，包括用户访问的每个网站、浏览的每

---

[1] "What Is Multivariate Testing?" *Optipedia*, accessed March 30, 2017, www.optimizely.com/resources/multivariate-testing/.

个网页、用户在网页或网站上停留的时间、网页访问的顺序、用户加入的所有新闻群，甚至用户的邮箱地址。互联网服务提供商和个人网站都能够跟踪用户的点击流。[①]

17. 股市分析。例如，天气对证券价格的影响或对市场数据延迟的分析。

小测验

2. 以下哪一项与研发有关的大数据洞见未被提及？

a. 监控产品质量。　　　　　b. 确定客户需求。

c. 创造第三代和第四代产品。　d. 征集客户的看法。

为了提供商业所需的所有洞见，大数据平台需要实现许多目标（见图 4 - 2）。必须设计大数据结构，以便在自然环境中分析数据，而非在海量数据表中重新创建数据。此结构必须允许读取和访问各种数据来源，如电子邮件、财务数据、音频、图像、GPS 等。此结构的构建应该满足第 2 章中描述的四个 "V" ——体量（volume）、速度（velocity）、多样性（variety）和真实性（veracity）。此结构还必须具有经济的可扩展性、足够的响应时间、多个硬件备选（考虑到硬件故障），并且具有安全性，防止机密的详细数据未经授权即被访问。

---

① "Clickstream," *Webopedia*, accessed March 30, 2017, https://www.webopedia.com/TERM/C/clickstream.html.

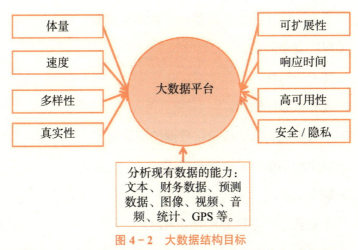

图 4 - 2　大数据结构目标

资料来源：Adapted from information found on bigdataandanalysis.blogspot.com/.

大数据的挑战

　　要让大数据成为组织机构的工具，首先必须解决一些关键的战略问题。如果在一开始忽略了战略问题，那么大数据可能很难成功实施。下述内容可作为考虑采用大数据平台的起点：

- 战略挑战。

　　□ 确定目标的适宜性。

　　□ 提供一个整体的系统结构规划。

- 技术挑战。

　　□ 获取数据访问权。

　　□ 获取相关研究方法和元数据的访问权。

　　□ 确立数据集的来源和沿袭。

　　□ 确保与城市相关的数据集的质量（准确性、保真度），明确不确定性、误差、偏差、可靠性和标准。

❑ 解决安全问题。

❑ 技术可行性。

❑ 现有数据库结构。

❑ 不成熟的新系统或选定数据的可靠性。

❑ 缺少大数据的元数据和模式。

❑ 缺少工具。

❑ 企业已有产品和工具的可用性。

❑ 高延迟（Hadoop）。

❑ 在集群中运行。

● 资源或能力挑战。

❑ 实施大规模大数据计划的能力。

❑ 整合不同数据。

❑ 收集数据的质量和成本。

❑ 预算限制。

❑ 成本过高。

● 员工面临的挑战。

❑ 实验和试验大数据分析。

❑ 网络传输的完整性。

❑ 数据质量差。

❑ 处理实时数据的能力。

- 项目管理挑战。

    - 依赖多个可能无法相互协调的顾问。

    - 以正确的项目起步。

- 变革管理挑战。

    - 制度变革管理。

    - 确保跨辖区协作和共同标准。

    - 不同部门系统禁止收集和组织大数据。

    - 招纳技术合格的员工。

    - 波动幅度大的技术学习曲线。

    - 聘用有资质的人员。

    - 部门之间的文化和自然障碍。

    - 数据不被接受或不受信任。

    - 数据所有权，特别是试图构建组织文化时。

    - 缺乏商业赞助。

    - 对商业案例缺乏信心。

- 伙伴关系挑战。

    - 与大数据生产商结成战略联盟。

- 法律和监管问题。

表 4-1 是截至 2018 年的实施障碍数据，将它们与表 4-2 中 TDWI（数据仓库研究所）所提供的截至 2013 年的实施障碍数据进行对比分析。你能从两个图表的比较中得出什么结论吗？

表4-1 改善商业智能，分析和数据集成面临的最大障碍

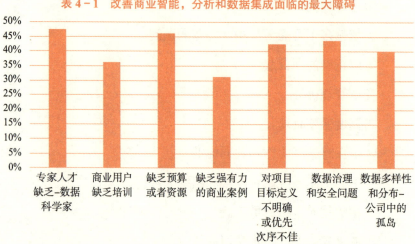

资料来源：Stodder, David. TDWI- "BI and Analytics in the Age of AI and Big Data." https://www.oracle.com/a/ocom/docs/middleware/application-integration/tdwi-bp-report.pdf?elqTrackld=915e6e26e9e64493b61cb60977243b58&elqaid=79756&elqat=2.

表4-2 大数据挑战

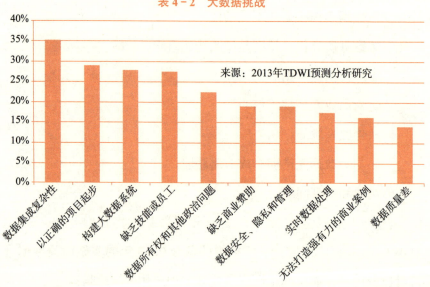

资料来源：Adapted from www.business2community.com/big-data/drive-real-time-revenue-world-big-data-01109279.

小测验

3. 根据 TDWI 的研究结果，大数据面临的最大挑战是什么？

a. 缺乏商业赞助。

b. IT 人员缺乏技能。

c. 数据集成复杂性。

d. 数据质量差。

错误数据的危险

除了使用大数据带来的战略挑战外，还有一个重大的潜在问题，即组织机构可能会错误地使用大数据。在许多情况下，如果一个组织机构在对统计误区没有足够了解的情况下去使用大数据，就可能危及整个决策过程。任何小数据的问题都会被无限放大。样本错误或偏差可能会生成与实际情况完全不符的数据，这也是在调查中发现的常见错误。可能在最开始的数据收集阶段就埋下了错误的"种子"。例如，一家公司可能会假设，某个变量是对客户保留的有力预测，但实际上，这个变量只与客户保留有关。

还有一个重大危险在于，组织机构着迷于积累大量数据，但却得出错误结论。这对于生产环境尤其重要，因为在生产环境中，关键的生产决策可能是基于指导性分析做出的。

错误数据

让我们思考一下阿里·佐尔丹（Ari Zoldan）在《连线》（*Wired*）杂志上写的一个例子，讨论了从飓风"桑迪"期间的推特数据中得出的结论。[①]

> 在罗格斯大学的一项有趣的研究中，科学家着手了解人们与飓风"桑迪"相关的决策。从10月27日到11月1日，有超过2 000万条与超级风暴有关的推文。关于风暴防范的推文数在风暴来袭的前晚达到高峰，关于聚会的推文数在风暴平息后达到高峰。
>
> 大部分推文来自曼哈顿，主要是因为智能手机和推特用户在这里较为集中。在受灾最严重的地区，如海边高地和米德兰海滩，就没什么人发推特，因为这些地区遭受了大范围的电力中断，手机电量不足。从数据来看，应该是曼哈顿区受灾最严重，然而我们知道情况并非如此。实际上是那些边远地区受灾最严重。结合数据的呈现形式，可以看出推特并未反映出地区之间存在的巨大数据差。

这个例子说明了几个问题。首先，它打破了数据越多、洞见越深刻这一神话。它证明了摆脱大量数据或统计数据影响的重要

---

① Ari Zoldan, " More Data, More Problems: Is Big Data Always Right?" *Wired*, accessed March 17, 2016, www.wired.com/2013/05/more-data-more-problems-is-big-data-always-right/.

性。查看数据的时候，必须保持客观性、批判性，不要被任何结果左右。

统计数字不代表事实。大量数据的堆砌可能让大数据看起来就像是事实。当它还是原始数据时，大数据是庞大的、杂乱的，统筹这些数据进行分析并不简单。

你还要小心偏见和语境缺失。确认偏差是一种人们通过搜索数据来确认所持观点的现象。此外，当数据与基本假设相冲突时，存在直接忽略它的倾向。数据可以用一种算法绘制或分析，并不意味着所得出的解释就是有效的。更快、更强大的系统意味着我们也可以比以往更快地做出错误的解释和决策。

在评估数据时，请注意以下三点：

1. 人们倾向于找到他们想要的东西。更多的数据和更快的速度并不一定代表更好的结果。

2. 数据有定量和定性两种类型。定性分析是解释定量分析的必要条件。如利润表，公布出来的是数字，之后通过解释或"口头"调整利润的方式将其置于语境之中，使其以最佳的方式呈现。

3. 请记住，数据的语境非常重要。想想专家们是如何一次又一次重新解释全球变暖的。对于每个数据集，了解分析人士持有的偏见是很重要的，比如呈现的数据、修改的数据和排除在外的数据。例如，2015 年第一季度国内生产总值（GDP）并没有达到预期的水平。过去几年中，每年的第一季度都低于预期水平。最初，分析人士认为这一现象应归结于严冬。但天气并不能为所有令人失望的结果买单，因此分析人士表示，存在"第一季度剩余季节性"和对其他变量的灵活解读。值得注意的是，美联储的经济学家没有找出有效的统计证据来解释这种 GDP 总量的畸变。①

IT 大数据的五大错误

对于 IT 经理来说，大数据的问题有多严重？根据 Infochimps 的说法：

> 55% 的大数据项目没有完成，还有许多项目不达标。
>
> 也许这当中原因众多，但最主要的原因之一无疑是，提出总体项目构想的高层管理者与负责实施的管理者之间缺乏沟通。IT 人员为开发一个大数据项目而操劳不已，但他们的意见却常常被用于事后补救，只有在项目偏离正轨时才得到考虑。②

如此看来，几乎大半的大数据项目以烂尾告终。而余下的那些，很大一部分不会为组织机构或利益相关者带来价值增加。除了数据选择和处理方面的潜在错误，IT 还可能让事情变得更复杂。来自甲

---

① "Residual Seasonality in GDP," FEDS Notes, Federal Reserve, accessed March 17, 2016, www.federalreserve.gov/econresdata/notes/feds-notes/2015/residual-seasonality-in-gdp-20150514. html.

② " Survey: What IT Teams Want Their CIOs to Know About Enterprise Big Data, " Infochimps, accessed March 13, 2019 https://www.prnewswire.com/news-releases/survey-what-it-teams-want-their-cios-to-know-about-enterprise-big-data-188190311.html.

骨文公司（Oracle）的苏布兰马尼安·伊耶（Subramanian Iyer）写出五个 IT 导致的大数据错误[①]：

1. 过于强调技术需求而非商业需求。

2. IT 管理部门常常关注的是错误的商业案例，假设其回报与行业中的其他案例相同。

3. 作为推进大数据实施的激进方式之一，管理层可能会同时启动多个计划。这样可能会降低大数据项目的成功率。

4. IT 管理部门通常没有完成适当的成本效益分析来确定大数据项目的回报。

5. 将大数据应用程序置于和传统应用程序相同的过程需求（身份验证、访问、数据隔离和环境管理机制）下可能会危及项目。

小测验

4. 以下哪项不属于 IT 大数据错误？

a. 实行迭代实施策略。

b. 专注于技术需求而不是商业需求。

c. 不进行成本效益分析。

d. 作为激进方式或试点实施方案的一部分，同时实施多个计划。

[①]　Subramanian Iyer, "Five Big Data Mistakes," Oracle, accessed June 8, 2015, www.oracle.com/us/corporate/profit/big-ideas/031214-siyer-2166578.html.

练习

1. 开发大数据的根本原因是什么？

2. 大数据实施面临哪些变革管理问题？

3. 本章讲述了一个有关大数据和推文的警示故事，和飓风"桑迪"有关。相关推文如果脱离语境去看，可能会得出错误结论，这是怎么回事？

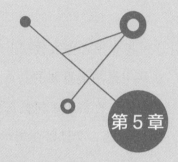

第 5 章

大数据平台及操作工具

- 认识可用的大数据软件工具。

- 认识名为 Hadoop 的开源软件。

- 了解 MapReduce 和 R 这两个软件的作用。

导语

本章将介绍各种大数据平台以及可在这些平台上使用的操作工具。这些工具中最重要的是名为 Hadoop 的操作系统。Hadoop 是一个开源框架，许多组织机构选择用它来支持大数据工作。本章将集中讨论 IT 术语，会计师要想对大数据应用有个基本了解，必须学习这些术语。

大数据的功能

应用大数据首先要了解组织机构想要实现的目标。对此应该进行两轮讨论。

首先，组织战略规划讨论会。主要围绕的问题是：公司对于大数据有什么长远构想？

接下来，组织信息规划讨论会。讨论的重点应放在机构如何利用现有资源（硬件、软件、员工和预算）实现战略。

这两点都是必要的，且应该在两个会议上进行讨论。满足机构需求的方法之一是验证大数据是否可以作为公司或 IT 战略的补充。

大数据和分析可以实现哪些功能？见表 5-1。

数据分析（data analytics，DA）是对原始信息进行分析的一项研究，目的是对数据进行推断。数据分析在众多商业投资中被用来帮助组织机构做出更好的商业选择，并确认或推翻现有的模型或推

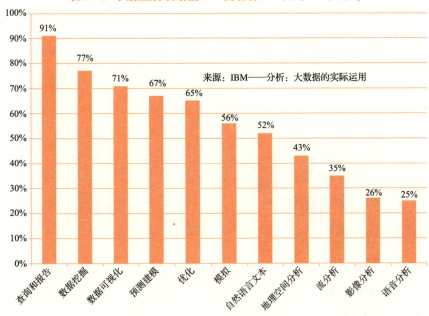

表 5－1　大数据分析功能——受访者 508 人到 870 人不等

资料来源: Adapted from "The Real-World Use of big data," IBM Institute for Business Value, accessed April 14, 2019, https://www.ibmbigdatahub.com/blog/big-data-requires-strong-analytics-capabilities.

测。数据分析不同于数据挖掘，因为它包含数据挖掘不一定具备的评估过程。数据挖掘包括搜索大规模信息集，发现模式和关系。数据分析则专注于根据分析人士的已知信息推断答案。

可以在机构的特定部门内部使用的业务分析有哪些?

营销分析:

● 竞争对手。

● 定价。

● 品牌。

● 市场趋势。

- 市场规模。

客户分析：

- 终身价值。

- 销售渠道。

- 细分类别。

- 满意度。

- 忠诚度。

- 客户流失／情绪。

财务分析：

- 现金流量。

- 销售预测。

- 股东价值。

- 产品盈利能力。

- 客户盈利能力。

员工分析：

- 潜力。

- 能力。

- 领导力。

- 招聘渠道。

- 员工绩效。

- 员工流失／情绪。

运营分析：

- 供应链。

- 欺诈检测。

- 项目绩效。

- 对环境的影响。

- 企业责任。

核心分析：

- 数据挖掘。

- 预测。

- 可视化分析。

- 相关分析。

- 回归分析。

数据分析包括检查、清理、修改和建模，目的是发现有价值的数据、提出结论、为做出明智的选择提供支持。数据分析有不同的特点和方法，在商业、科学和社会学领域有众多技术和应用。

数据挖掘的关注点在于建模和发现，目的是进行预测。商业智能侧重于聚集企业数据。在统计应用中，有描述性统计和以下几个类型的数据分析：

- 探索性分析：在数据中发现新特征。

- 确认性分析：确认或否认现有的认知。

- 预测性分析：专注于统计模型，进行预测。

- 文本性分析：使用统计、结构和语言技术从非结构化数据（如电子邮件）中提取信息并分类。

预测性分析侧重于根据从现有数据集中提取的数据，对未来的结果或模式进行预测。它不能保证结果，只能就可能发生的情况做出具有一定可靠性的预测，并与假设情景和风险分析或敏感性分析相结合。预测性分析包括数据挖掘、统计建模和机器学习等操作。在过去的十年中，对预测性分析应用程序的重视程度发生了变化。TDWI 公布的以下两个图表对此进行了说明，即行业在 2007 年与 2018 年的情况。请注意重点的变化。

表 5-2 和表 5-3 列出了最适合预测性分析的商业应用。

表 5-2　2007 年预测性分析的应用

来源：TDWI

资料来源：Adapted from http://tdwi.org/articles/2007/05/10/predictive-analytics.aspx (accessed April 7, 2020).

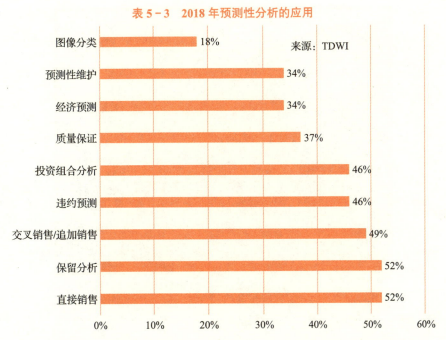

表 5 - 3　2018 年预测性分析的应用

资料来源：Adapted from http://www.tellius.com/wp-content/uploads/2018/06/TDWI_BPReport_Q218_web.pdf (accessed April 7, 2020).

上述概念与商业智能有何关系？见图 5 - 1。

请注意，"预测"之外的剩余白色区域是指导性分析或"我们如何实现这一点"。

┃　　**小测验**　┃

1. 什么是探索性分析？

a. 使用统计模型进行预测。　b. 确认现有认知。

c. 在数据中发现新特征。　d. 规定要采取的行动。

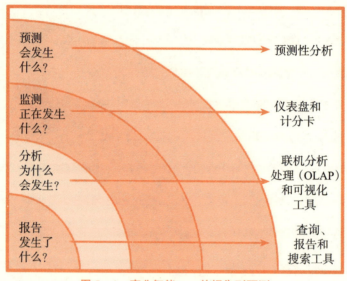

图 5-1　商业智能——从报告到预测

哪些平台可以用于大数据？

让我们先回顾一下大数据系统的总体结构（见图 5-2）。本节将综述一般概念，以便读者将组织机构内的系统与通用大数据模型联系起来。

尽管图 5-2 并非始于战略，但它是一切 IT 构想、目标、硬件和应用程序的开端。在公司没有实现信息技术战略目标的情况下，添置硬件或软件或讨论大数据是十分愚蠢的。因此，该战略是大数据系统的重要组成部分。

硬件和操作系统（OS）的选择

硬件的选择是大数据系统的核心。大多数机构会建立 IT 结构。大数据将回答"什么是可用的""公司想要在哪一步结束"等问题，

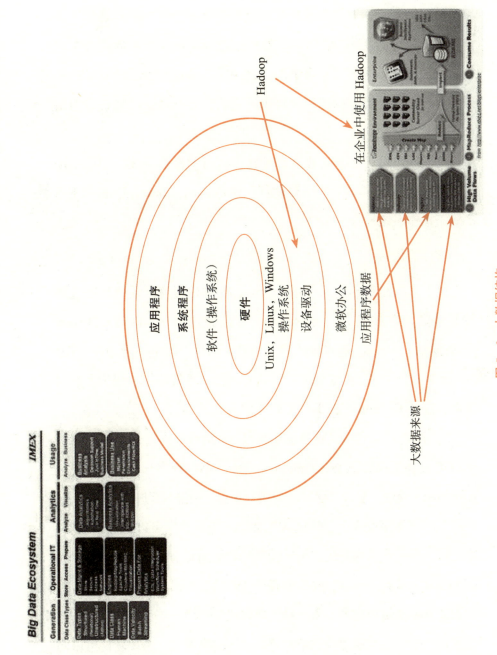

图 5－2 大数据结构

然后制定计划去获取必要的硬件。大数据的一个主要租群是商用计算机（经常出现故障）使用者，他们通过计算机连接来创建分布式文件和分布式应用程序。根据你所在组织机构的大数据分析方法，硬件将连接多种类型的商用计算机。它们将与 Hadoop（或选定的系统软件）一起工作。

硬件选定后，必须选择在该硬件上运行的操作系统。操作系统是支持计算机基本功能的主要软件。Windows，Linux，Unix 和 iOS 都属于操作系统。

软件的选择

接下来就是选择在操作系统上运行的软件程序。系统程序直接控制计算机并执行 I/O（输入 / 输出）存储器操作。Device Drivers（设备驱动）、BIOS（基本输入输出系统）软件、硬盘引导扇区（HD Sector Boot）软件、汇编程序和编译程序都是系统程序。作为大数据驱动程序的 Hadoop 将在下一节中介绍。

应用程序包括传统的会计应用程序，如会计软件包，CRM，ERP，MS Office，iTunes，Adobe Photoshop 等。大数据程序与 Hadoop（包括用于缩减、整理、管理、保存、分析、预测、报告的程序）一起运行。

下一节将探讨多个程序的应用数据。应用数据可以是结构化的、半结构化的或非结构化的。传统程序的数据通常是结构化的。来自外部（政府、工业、科学）或其他媒体（图片、图像、视频、音频）的数据通常是半结构化的。来自社交媒体或流动源——如机器、设备或传感器——的数据通常是非结构化的。更混乱的是，有些软件可以同时发挥几个应用程序的功能。图 5 – 3 试图将软件应用程序与大数据的各个部分相对应。这张图的目的不是要列出所有名目，而是想表明软件的选择取决于一个组织机构想要执行什么程序。

基础设施	数据组织 & 管理	分析和发现	决策支持 & 自动化界面
IBM			
甲骨文（Oracle）			
	SAP		
惠普			
亚马逊			
Teradata			
EMC			
	SAS		
	Informatica		
	1010Data		
	Pervasive		
	Zettaset		
	MapR		
	Hstreaming		
	Hadoop		
	Cloudera		
	Karmaspher		
	Hortonworks		
	Datameer		

图 5 – 3　软件供应商能力

商业领域面临越来越多的数据和越来越高的分析期望。为此，供应商提供高分散的结构、更大的内存和更强的处理能力。新进入市场的公司正将开源许可模式资本化，这种模式成为大数据软件或结构的重要组成部分。

著名的开源数据处理平台 Apache Hadoop 于 2006 年首次被雅虎和脸书等互联网巨头采用。2008 年，Cloudera 为企业提供商业支持，MapR 和 Hortonworks 分别于 2009 年和 2011 年进入市场。作为数据管理老手的 IBM 和 EMC-Pivotal 推出了它们的 Hadoop 发行版。微软和 Teradata 为 Hortonworks 的平台提供了互补的软件和支持。甲骨文公司转售，并为 Cloudera 提供支持，而惠普和 SAP 等公司则与多个 Hadoop 供应商合作。

由于在带宽、内存和处理能力方面的进步，用 Hadoop 进行实时流处理和流分析变得更容易。然而，这项技术尚未得到广泛使用。一些供应商拥有复杂事件处理技术（复杂事件处理，缩写为 CEP，但并不像名称所示那样复杂；从根本上说，CEP 是将业务规则应用于流事件数据)[1]，但在金融交易、国家情报和安全社区之外的领域，几乎看不到 CEP 的身影。随着大数据的广泛使用，在广告发布、内容个性化、物流等其他领域的应用可能会有所变化。[2]

大数据、分析和人工智能种类繁多。马特·特克（Matt Turck）是人工智能行业的风险投资家。他整理的以下图片描绘了广泛的服务范围、供应商和可用工具。马特同意将这些图片包含在书中。第一张图片为总览，在随后的图片中能看到其中各个部分。

---

[1]　Mathieu Dumolin, " Better Complex Event Processing at Scale Using a Microservices-Based Streaming Architecture (Part 1) | MapR, " January 9, 2017, https://mapr.com/blog/better-complex-event-processing-scale-using-microservices-based-streaming-architecture-part-1/.

[2]　Wayne Eckerson, " Predictive Analytics, " TDWI, May 10, 2007, https://tdwi.org/articles/2007/05/10/predictive-analytics.aspx, accessed April 7, 2020.

数据与人工智能产业总览 2019

技术基础设施

HADOOP ON-PREMISE
cloudera　Hortonworks　MAPR.　Pivotal.　IBM InfoSphere　jethro

HADOOP IN THE CLOUD
aws　Microsoft Azure　Google Cloud　SAP Cloud Platform　IBM InfoSphere BigInsights　　Qubole　CAZENA

STREAMING / IN-MEMORY
　Amazon Kinesis　Google Cloud Dataflow　databricks　SAP Cloud Platform　ORACLE　confluent　striim　hazelcast　GridGain　GIGASPACES　WallarooLABS　FASTDATA　kx

NoSQL DATABASES
Google Cloud　aws　ORACLE　Microsoft Azure　mongoDB　MarkLogic　Couchbase　DATASTAX　redislabs HOME OF REDIS　AEROSPIKE　ArangoDB　SCYLLA.

NewSQL DATABASES
SAP　Clustrix　NuoDB　Pivotal.　MariaDB　Cloud Spanner　MEMSQL　influxdata　Cockroach LABS　TIMESCALE　VOLTDB　splice MACHINE　imply　paradigm4　　TiDB

GRAPH DBs
neo4j　Amazon Neptune　IBM　ORACLE　OrientDB　InfiniteGraph　Objectivity

MPP DBs
TERADATA　VERTICA　IBM Data Warehouse Systems　actian　Kognitio　Exasol　dremio　Yellowbrick

CLOUD EDW
aws　Google Cloud　Microsoft Azure　Pivotal.　snowflake　Infoworks

SERVERLESS
Microsoft Azure　AWS Lambda　Google Cloud Functions　PULSAR　nuclio　Pivotal Function Service

DATA TRANSFORMATION
talend　pentaho　alteryx　TRIFACTA　tamr　Paxata　StreamSets　UNIFI

DATA INTEGRATION
SAP Data Services　Informatica　MuleSoft　TEALIUM　snapLogic　enigma　Qlik Data Catalyst　Segment　ATTUNITY　xplenty　ZALONI　import.io　Infoworks　Fivetran　SNOWPLOW　MATILLION

DATA GOVERNANCE
Informatica　IBM　SailPoint　McAfee Skyhigh Security Cloud　collibra　dremio　Alation　Waterline Data　IMMUTA　OKERA　MANTA　data.world

MGMT / MONITORING
aws　New Relic.　actifio　rubrik　APPDYNAMICS　DATADOG　dynatrace　WAVEFRONT by vmware　SignalFx　druva　splunk　Moogsoft　pagerduty　Asador　unravel　Numerify　ScienceLogic　SCALYR　veeam　zenoss　OpsRamp　MAGNITUDE

STORAGE
aws　Google Cloud　Microsoft Azure　IBM Storage　PURE STORAGE　ALLUXIO　wasabi　nimblestorage　Qumulo　panasas　COHESITY

CLUSTER SVCS
AmazonECS　IBM　AmazonEKS　　MESOSPHERE　packet　Hewlett Packard Enterprise　FUSION COMPUTING　Bright Computing　CYCLECLOUD

DATA GENERATION & LABELLING
amazon mechanical turk Artificial Artificial Intelligence　Upwork　unity　appen　scale　HIVE　Labelbox　MightyAi　ALEGEVERIE　LIONBRIDGE

AI OPS
ALGORITHMIA　　comet　Verta.ai　datmo　datatron　Weights & Biases　Determined AI　fiddler

GPU DBs & CLOUD
kinetica　omnisci　　SQREAM TECHNOLOGIES　blazegraph　brytlyt　BLAZINGDB　PG-Strom　FLOYDHUB

HARDWARE
Google TPU　arm　intel AI　nvidia.　IBM Power　GRAPHCORE　MYTHIC　Horizon Robotics　cerebras　Movidius　habana　WAVE COMPUTING　Esperanto　CORNAMI　HAILO　flexlogix　DEFINIX

分析与机器智能

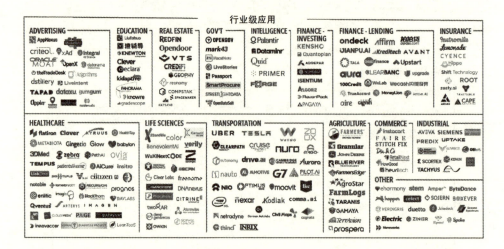

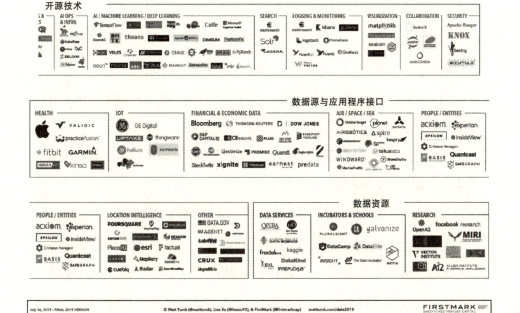

July 16, 2019 - FINAL 2019 VERSION   © Matt Turck (@mattturck), Lisa Xu (@lisaxu92), & FirstMark (@firstmarkcap)   matturck.com/data2019   FIRSTMARK EARLY STAGE VENTURE CAPITAL

┌─────────────────────────────
│ **小测验**
│
│ 2. 以下哪项不属于大数据的基础资源？
│
│ a. SAP   b. Oracle   c. IBM   d. 惠普
└─────────────────────────────

供应商的选择

接下来，让我们看看有哪些著名的大数据软件供应商可供选择，同时对其软件进行简单评价。

1. Actian Vector 拥有从 Hadoop 中实现商业价值的能力。[①] 其一

[①] "Hadoop is here to stay," Actian, accessed April 7, 2020, www.actian.com/products/analytics-platform/vortex-sql-hadoop-analytics/.

流的数据准备和最广泛的分析支持以下内容：

a. 弹性数据准备：用最快的分析引擎、数据收集技术和 KNIME（康斯坦茨信息挖掘平台）用户界面快速导入所有数据。

b. SQL 分析：将 SQL 技能、应用程序和工具与 Hadoop 一起用于完全工业化的 SQL 支持。

c. 预测性分析：用在 KNIME 支持下运行的超并行 Hadoop 分析运算符揭示趋势和模式。

2. AWS（Amazon Web Services，亚马逊网络服务）于 2006 年开始通过云计算向企业提供 IT 基础设施服务。[①] 云计算使企业能够用更低的、可变性更高的成本取代前期基础设施开支（无须提前数周或数月订购服务器和其他基础设施），这些成本可以在几分钟内随企业扩展。

> 例如，AWS 是一种可伸缩、低成本的云服务。全球 190 个国家中有几十万家企业使用 AWS。它在美国、欧洲国家、巴西、新加坡、日本和澳大利亚设有数据中心，给客户带来低成本、快捷、灵活和安全等好处。

3. Cloudera 提供了一个统一的大数据平台——企业数据中心。企业现在有了一个存储、处理和分析所有数据的地方，使其能够

---

① "About AWS," Amazon Web Services, accessed April 7, 2020, http://aws.amazon.com/about-aws.

扩展现有投资的价值，同时又能从数据中获取价值。Cloudera 和 Hortonworks 于 2018 年底宣布了对等合并。（见第 5 条。）

> 创立于 2008 年的 Cloudera 是企业级 Apache Hadoop 的首个，也是目前居于领先地位的供应商和支持者。Cloudera 还为重大商业数据挑战提供软件支持，包括存储、访问、管理、分析、安全和搜索。[1]

4. 惠普大数据服务可以帮助 IT 基础设施处理电子邮件、社交媒体和网站下载中不断增加的字节，并将它们转换为有益的信息。惠普大数据解决方案包括战略、设计、实施、保护和合规性，具体内容如下：

a. 大数据结构战略：定义功能和能力，使 IT 与大数据计划保持一致。通过转换工作坊和路线图服务，学会捕捉、整合、管理和保护与商业相关的信息，包括结构化、半结构化和非结构化数据。

b. 大数据系统基础设施：惠普将设计并运行一个高性能的集成平台，以支持大数据的战略架构。其提供的服务包括设计和实施、参考架构的实施和集成。一个灵活、可扩展的基础设施将支持大数据在惠普平台上实现多样性、整合、分析、共享和搜索。

---

[1] "FAQs About Cloudera," Cloudera, accessed April 7, 2020, www.cloudera.com/content/cloudera/en/about/faqs.html#one.

c. 大数据保护：确保大数据系统的可用性、安全性和合规性。惠普可以帮助企业保护数据，在大数据环境中实现合规性和生命周期保护，同时改进备份功能和连续性措施。

5. Hortonworks Hadoop 数据平台（HDP）是唯一一个完全开放的HDP。[1]HDP 中的所有解决方案都是 Apache 软件基金会（ASF）开发的项目，其中的扩展均免费开放。HDP 提供线性规模的存储和计算，可通过多种方式访问，包括批处理、交互、实时、搜索和流媒体。它包括一整套功能，涵盖治理、集成、安全和操作。HDP 与现有的应用程序和系统集成，利用 Hadoop，只需对现有的数据结构和技能集进行细微的更改。HDP 可以通过"云"、本地或跨 Linux 和Windows 的设备进行安装。Hortonworks 和 Cloudera 于 2018 年底宣布了对等合并。（见第 3 条。）

6. IBM 包括以下类型的信息管理数据和分析功能[2]：

a. 数据管理和数据仓库：以较低的管理、存储、开发和服务器成本跨多个工作负荷提供有效的数据库性能；通过优化分析工作负荷（如深度分析）实现高速运行；受益于工作负荷优化系统，这些系统可以在数小时内启动和运行。

b. Hadoop 系统：通过应用程序加速器、分析、可视化、开发工具、性能和安全特性让企业感受到 Apache Hadoop 的强大。

① "Maximize the Value of Data at Rest," Hortonworks, https://hortonworks.com/products/data-platforms/hdp/. Accessed April 7, 2020.

② "Big Data at the Speed of Business," IBM, www-01.ibm.com/software/data/bigdata/, Accessed April 7, 2020.

c. 流计算：对不断变化的动态数据进行高效的实时分析处理，进行描述性和预测性分析以支持实时决策。及时捕捉和分析所有数据、所有时间；流计算可减少数据存储，但能进行更多的分析，并更快地做出更好的决策。

d. 内容管理：实现全面的内容生命周期和文档管理，以经济高效的方式控制现有类型的内容和新类型的内容，同时具有一定的规模、安全性和稳定性。

e. 信息集成和治理：通过在大数据的整个生命周期中适当地集成、理解、管理和治理数据，建立对大数据的信心。

7. Infobright 是一个分析数据库平台，用于存储和分析机器生成的数据。[1]

a. 数据压缩比为 20∶1 到 40∶1。

b. 即使数据量急剧增加，也能保持快速、一致的查询性能。

c. 扩展以保存长期分析所需的大量历史数据。

d. 为实时查询处理或警报提供每小时几个太字节的加载速度。

8. Kognitio 软件可与现有的商业集成、分析报告工具[2]、"数据湖"（大型对象存储库，可一直以本机格式保存数据）[3] 及 Hadoop 存

————————

①　"Ignite's Infobright DB-Architecture Overview," accessed April 7, 2020, https://cdn2.hubspot.net/hubfs/4281917/Ignite_Technologies March2018 Theme/Docs/Ignite l White Paper l Infobright DB-Architecture Overview-1.pdf?t=1528843828245.

②　"The Kognitio Analytic Platform," Kognitio, accessed March 18, 2016, kognitio.com/analyticalplatform/.

③　"Data Lake," *TechTarget*, accessed April 7, 2020, http://searchaws.techtarget.com/definition/data-lake.

储无缝交互。它补充了现有的技术堆，填补了新的大体量数据存储的可用性鸿沟，帮助大数据及时实现价值。Kognitio 分析平台是一个可扩展内存、进行大规模并行处理（MPP）的平台，它不单是SQL，还是为缩短延迟、降低大体量数据负荷和高吞吐量复杂分析工作负荷而设计的软件。

9. MapR 是唯一一个为重大商业生产应用构建的分布系统。[①]

作为 Apache Hadoop 的一个完全发行版本，MapR 包含了来自 Hadoop 生态系统的十多个项目，能够发挥广泛的大数据功能。MapR 平台具备高可用性、故障修复功能、安全性和完整的数据保护。此外，通过 MapR，Hadoop 可作为具有读写功能的传统网络连接存储，实现轻松访问。

10. 微软的愿景是让所有用户都能从数据（不管什么数据）中获得可操作的洞见，包括隐藏在非结构化数据中的洞见。[②] 为此，微软提供一个综合大数据解决方案。

a. 具有现代数据管理层，支持所有数据类型——结构化、半结构化和非结构化数据。集成、管理和呈现实时数据流变得更简单，提供更全面的商业面貌，推动快速决策。

b. 该软件还具有一个强化数据发现的丰富层，将全球的产业数据与高级分析相结合。该软件可以连接和导入数据，实现可视化，

---

① "What Is Apache Hadoop?" MapR, accessed April 7, 2020, www.mapr.com/products/apache-hadoop.

② "Understanding Microsoft Big Data Solutions," accessed April 7, 2020, https://msdn.microsoft.com/en-us/library/dn749804.aspx.

并在运行中定期进行报告。

c. 该软件有一个洞察层，使用 MS Office 等工具，在其 Excel 程序中内置丰富的三维可视化和故事叙述功能，这使得在 PowerPoint 展示中对多个数据源进行可视化和动态修改变得更容易。

d. HD Insight 是微软基于 Hadoop 提供的一项新服务，它构建在 Hortonworks 数据平台上，可与 Apache Hadoop 实现 100% 的兼容。

11. Oracle 是一套完整的基础设施和软件工具，可以满足组织机构的大数据需求。

12. Pivotal 大数据套件为敏捷数据提供了广泛的基础。[①] 它可以作为 Pivotal Cloud Foundry 或 PaaS（服务平台）技术的组成部分在本地、公共"云"上、虚拟化环境中、商品硬件上进行安装，还可作为应用程序传输。该套件提供的服务包括：

a. 基于 ODP（开放式分布处理）内核的 SQL 分析优化 Hadoop。

b. 领先的分析型 MPP 数据库。

c. MPP，符合 ANSI（美国国家标准协会）规范的 Hadoop 查询引擎 SQL。

13. SAP HANA 等软件可以简化 IT 结构。[②] 它将内存处理与企业数据仓库（EDW）和 Hadoop 结合起来，帮助管理大数据。试图做到：

a. 以 10 000 ～ 100 000 倍的速度运行商业流程。

---

① Pivotal Software, " Pivotal Cloud-Native Platform," Text/html, January 17, 2017, https://pivotal.io/.

② " SAP Software Solutions | Business Applications and Technology," SAP, accessed April 7, 2020, https://www.sap.com/products/hana.html.

b. 将大数据分析与 SAP IQ（数据仓库解决方案）结合使用。

c. 通过有逻辑的大数据仓库实现数据虚拟化，在不移动数据的情况下获得洞见。

14. Teradata Aster 有一个分析引擎，这是一个本地图表处理引擎，用于跨大数据集进行图表分析。使用这种新一代分析引擎，组织机构可以解决复杂的商业问题，如社会网络或影响者分析、欺诈检测、供应链管理、网络分析和风险检测以及洗钱。[①]

15. 新一代的数据分析师使 R 成为当今市场上最受欢迎的分析软件。Teradata Aster R 通过预先构建并行 R 函数、并行构造函数以及在 Aster SNAP 框架中集成开源 R，消除了开源 R 的局限性。

什么是 R？R 是一种用于统计计算和图表的语言和环境。这是一个 GNU 项目，类似于贝尔实验室（过去的 AT&T，现在的朗讯科技）开发的 S 语言和环境。R 可以看作是 S 语言的不同实现。它们有一些显著区别，但是许多为 S 编写的代码在 R 中是一样的。

R 提供了多种统计技术（线性和非线性建模、经典统计检测、时间序列分析、分类、集群等）和图表技术，同时具有高度的可扩展性。S 语言通常是统计方法研究的首选工具，R 则提供

---

① "Business Analytics, Hybrid Cloud & Consulting | Teradata," accessed April 7, 2020, https://www.teradata.com/Press-Releases/2018/Teradata-Vantage-the-Platform-for-Pervasive.

了一种参与这种研究的开源途径。

R 的优点之一在于，可用它轻松制作设计优良的图表，包括所需的数学符号和公式。对于图表中的次要设计选项，在关注默认设置的同时，用户仍然掌握控制权。

根据自由软件基金会的 GNU 通用公共许可证条款，R 是一种以源代码形式提供的免费软件。它可以在多种 UNIX 平台和类似系统（包括 FreeBSD 和 Linux）、Windows 和 MacOS 上编译和运行。①

Aster Discovery 平台还提供 SQL 和 SQL-MapReduce 分析引擎，这些引擎支持各种最相适的分析，例如 SQL 分析、路径或模式分析、统计分析和文本分析。

小测验

3. 什么是 MapR？

a. 一种减少大数据分析量的程序。

b. Apache Hadoop 的不完全发行版本。

c. Apache Hadoop 的完全发行版本，囊括十几个项目。

d. 大数据的关系数据库。

---

① "R: The R Project for Statistical Computing," accessed April 7, 2020, https://www.r-project.org/.

4. 什么是 Teradata？

a. 大数据农业应用。

b. 数据分析软件。

c. 用于图表分析的本地图表处理引擎。

d. 关系数据库。

📖 一流商用数据分析工具

基于来自 KDNuggets（一个商业分析网站）的亚历克斯·琼斯（Alex Jones）所设置的指导原则，作者列出以下一流商用数据分析工具。他的推荐基于工具的免费可用性（供个人使用）、易用性（无须编码、设计直观）、强大功能（超出基本的 Excel）和资源存档完好（如支持商业需求的简单的谷歌搜索）。[①]

16. Tableau 是数据可视化软件，旨在将大量原始数据转换为更易于解释的格式，可用于决策。Tableau 软件允许用户查询关系数据库，在线分析处理多维数据集、云数据库和电子表格，并生成可视化图形数据。据其官网介绍，OpenRefine（以前叫 Google Refine）能够清理混乱的数据并进行格式转换；使用网络服务进行扩展；将它链接到像 Freebase 之类的数据库。通过该软件，用户可以执行以下

---

① Alex Jones, " Top 10 Data Analysis Tools for Business," *KDNuggets*, June 2014, www.kdnuggets.com/2014/06/top-10-data-analysis-tools-business.html.

操作：

　　a. 导入各种数据格式。

　　b. 在几秒钟内搜索数据集。

　　c. 应用基本和高级单元转换。

　　d. 处理包含多个值的单元格。

　　e. 在数据集之间创建即时链接。

　　f. 使用正规表达式轻松筛选和划分数据。

　　g. 对全文字段使用命名实体提取功能以自动标识主题。

　　h. 使用通用的优化表达式语言执行高级数据操作。[①]

　　17. KNIME 可以使用可视化编程来操作、分析数据并建模。用户拖动活动之间的连接点，而非编写代码块。该软件可扩展运行 R、Python、文本挖掘等，从而提供了在更高级的代码驱动分析中工作的可能。

　　18. RapidMiner 是一个数据科学平台，它将数据准备、机器学习和预测模型部署结合在一起。既适合数据科学家的深度应用，也满足普通用户的简易操作。它通过可视化编程来操作、分析数据并建模。

　　19. Google 的 Fusion Tables 已停产，但用户仍可以通过更高版本的 Excel 使用 Google Maps 进行相同的分析。谷歌拥有领先的地图软件（见下面的谷歌地图）。表 5-4 展示的是联邦调查局 2013 年的犯罪统计数据。[②]

---

① OpenRefine.org.

② "Crime in the U.S., 2013," Federal Bureau of Investigation website, www.fbi.gov/about-us/cjis/ucr/crime-in-the-u.s/2013/crime-in-the.u.s.-2013.

表 5－4

D109　fx　=Googlegeocode(C109)

州	城市	人口	暴力犯罪	谋杀和过失杀人	强奸（新版定义）	强奸（旧版定义）	抢劫	加重攻击罪	财产罪	入室盗窃	扒窃	盗车	纵火
威斯康星州	Adams	1,924	7	0	3		0	4	88	16	68	4	0
	Albany	1,015	8	0		0	0	8	46	11	34	1	0
	Algoma	3,143	1	0	1		0	0	83	1	81	1	0
	Alma	759	0	0		0	0	0	2	0	2	0	0
	Altoona	7,018	8	1		0	1	6	85	17	68	0	0
	Amery	2,859	11	0		0	0	11	36	6	27	3	0
	Antigo	7,988	10	0		0	0	10	419	77	329	13	15
	Appleton	73,141	176	1	28		14	133	1,304	186	1,088	30	0
	Arcadia	2,950	3	0		0	1	2	33	2	29	2	1
	Ashland	8,097	32	1		4	3	24	429	47	373	9	1
	Ashwaubenon	17,145	14	0		5	7	2	746	48	684	14	0
	Athens	1,100	0	0		0	0	0	7	1	6	0	0
	Avoca	636	0	0		0	0	0	18	2	16	0	0
	Bangor	1,494	3	0	1		0	2	11	0	11	0	1
	Baraboo	12,047	25	0		7	3	15	410	46	359	5	0
	Barneveld	1,238	0	0		0	0	0	18	3	13	2	0
	Bayfield	488	1	0		0	0	1	27	4	23	0	2
	Beaver Dam	16,326	8	0		0	1	7	575	104	470	1	0
	Belleville	2,436	1	0	0		0	1	30	2	28	0	0

Count: 2 | 100%

使用 Excel 上传这些数据，就会生成按城市划分的暴力犯罪地图。

点击地图可以看到 2013 年格林湾的暴力犯罪情况。用户还可以使用 Excel 2016 或 2019 及其 3D 地图工具获得相同的结果。首先准备将数据转换为表格。创建一个包含五列的表格。

	A	B	C	D	E
	州	城市	人口	暴力犯罪	谋杀和过失杀人
1					
2	威斯康星州	Adams	1924	7	0
3	威斯康星州	Albany	1015	8	0
4	威斯康星州	Algoma	3143	1	0
5	威斯康星州	Alma	759	0	0
6	威斯康星州	Altoona	7018	8	1
7	威斯康星州	Amery	2859	11	0
8	威斯康星州	Antigo	7988	10	0
9	威斯康星州	Appleton	73141	176	1
10	威斯康星州	Arcadia	2950	3	0
11	威斯康星州	Ashland	8097	32	1
12	威斯康星州	Ashwaube	17145	14	0
13	威斯康星州	Athens	1100	0	0
14	威斯康星州	Avoca	636	0	0
15	威斯康星州	Bangor	1494	3	0
16	威斯康星州	Baraboo	12047	25	0
17	威斯康星州	Barneveld	1238	0	0
18	威斯康星州	Bayfield	488	1	0
19	威斯康星州	Beaver Da	16326	8	0

在"插入"（Insert）功能区的最右侧调用 3D 地图。

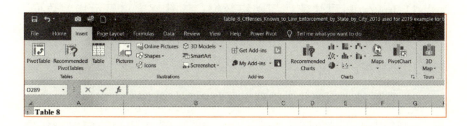

3D 地图会自动将信息放在美国地图中。在下图中，地图精确到

威斯康星州。图标的颜色和大小均已更改。

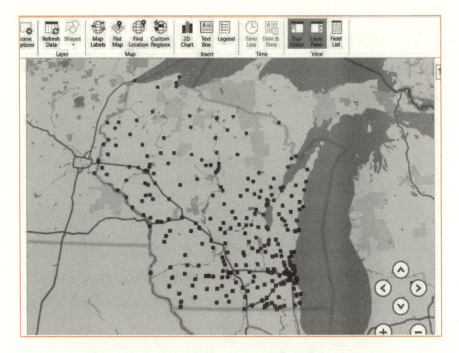

20. NodeXL 是一个用于网络和关系的可视化和分析软件。第 6 章会举一个人际关系网的例子，和此处的概念类似。但 NodeXL 可以提供精确的计算，在这一方面要比关系网更进一步。

21. Import.io 可快速访问网络数据。该软件突出显示相关数据，并（在几分钟内）"了解"用户在找什么。由此，Import.io 将提取数据供用户分析或导出。

22. 谷歌搜索引擎并未得到充分利用。谷歌搜索可以快速过滤结果，以获得最有用和最相关的信息。例如，可以通过访问以下任何一家主要会计师事务所的网站来获取 CFO 的调查信息：

别忘了利用其他工具（如时间搜索功能）来充分发挥搜索的威力。

23. Solver 是 Excel 中一个优化和线性规划工具，允许用户设置限制条件。它不是最强大的优化包，但如果公司从未尝试过优化分析，它是最有帮助的。对于高级优化，可以考虑 R 语言的 optim 程序包。

24. WolframAlpha 的搜索引擎是网络中隐藏的宝贝，它帮助推动了苹果 Siri（语音助手）的发展。WolframAlpha 针对技术搜索可以给出详细答案，还能快速完成微积分作业。

WolframAlpha 被称为商业用户的"书呆子版谷歌"，因为它能提供与信息相关的图表，在查询高级定价历史、商品信息和主题概览方面表现突出。[①] 下图是道琼斯工业平均指数图，我们从中得出一些非常有趣的信息。

---

① "Machine Learning, Data Science, Big Data, Analytics, AI," accessed April 7, 2020, https://www.kdnuggets.com/.

可以访问 https://www.google.com/maps/d/ 使用谷歌地图，用户选择"创建新地图"，然后单击"导入"。

用户可以在谷歌云端硬盘或本地计算机中选择一个文件。这里我选了一个最近的 csv 文件，显示过去五年我演讲去过的城市。谷歌地图要求我选择几项作为图中的位置标记。

选择几项作为位置标记

从你的文件中选择几项作为地图上的位置标记点，例如地址或经纬度。所有选项将被导入。

☐ 日期 **？**

☐ 对象 **？**

☑ 课程 **？**

☐ 标题 **？**

☑ 城市 **？**

☑ 州 **？**

[继续] [返回] [取消]

接下来，应用程序要求用户选择一项作为位置标记点，"课程"字段被选中。导出的 PDF 如下所示：

还可以自定义标签，这样可以根据前面设置的不同选项以不同的方式突出显示。如下图所示，这些地点上设置了不同颜色的标记。

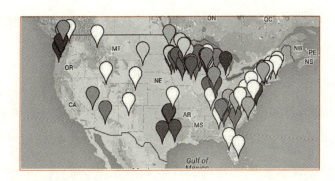

在下图中，中西部被放大。

在下图中，另一个选项被激活。该选项覆盖了所有点，标注了演讲课程的缩写。由于在某个城市有多个日期和多个课程，有些信息很难辨认。

该工具有许多选项，包括驱动路径、添加位置标记、添加更多图层、与其他人共享、发布供公众使用等。

Power BI——桌面

下一部分将演示一种统计工具的操作，该工具以会计师对 Excel 和 PowerPivot 的现有知识为基础。会计师必须能够从历史的角度分析数据并理解数据的含义，发现数据及其新的含义，预测"假设分析"之后会发生什么，最终确定应当采取的措施。当今可用的工具使我们突破了传统电子表格的限制。会计师如果不学习和掌握统计工具，可能会对其职业生涯和现任雇主公司造成极大的损失。

首先，Power BI 是免费的。下载该软件并尝试应用。接下来，找到一些你可能感兴趣的数据集。如果你已经对数据有所了解，这会很有帮助，因为可以让你将预期结果与在新软件上的应用联系起来。你可以尝试许多免费的数据集。Google 提供免费的大型数据集。首先查找现有的 xlsx 文件、csv 文件或 txt 文件。虽然它们不是复杂的数据集，但还是要尝试在遇到困难之前提高数据熟悉度。

下载数据集。在此示例中，我们选择了沃尔玛商店几年的数据。该信息包括商店、部门、每周销售额、日期、减价信息、假期和一些经济数据等。该信息是在包含 csv 文件的 zip（压缩）文件中下载的。csv 文件可以轻松导入 Excel 和 Power BI。

当 Power BI 载入后，将会出现以下画面：

点击"获取数据"（Get data）后会出现以下画面：

打开包含 csv 文件（四个）的 zip 文件，然后在 Excel 中打开每个文件。现在看到的是每周销售数据的文件。打开文件后，数据将转换为表格格式。如果你在处理信息之前先将信息转换为表格格式，Power BI 会更好地运作。利用现有的 Excel 和 PowerPivot 知识可能会缩短你的学习时间。

接下来，将文件另存为 Excel 文件（与其他文件相同），就可以进入 Power BI 了。

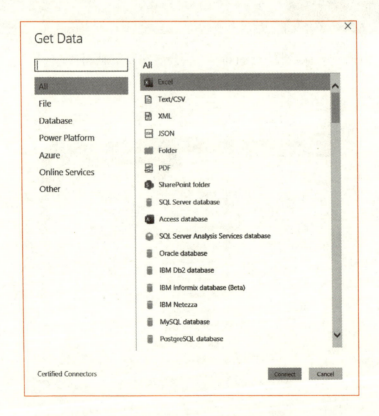

你可以在此界面上将 xlsx 文件连接到 Power BI。

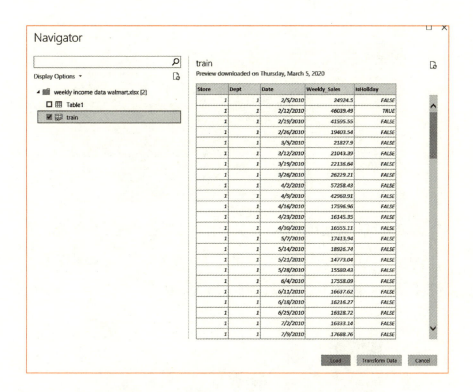

点击 "数据转换"（Transform Data）会转到如下界面。

这将启动 Power Query 工具。

点击 "关闭 & 应用"（Close & Apply）。

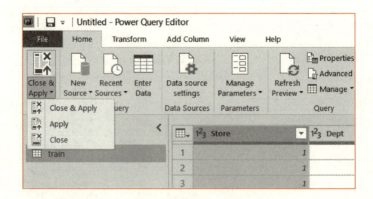

现在你可以像使用 PowerPivot 一样拖放数据。可以将字段拖到空白区域，也可以单击新的可视化，然后建立工作区。如果将每周销售额数据拖到空白区域，则会出现以下图像：

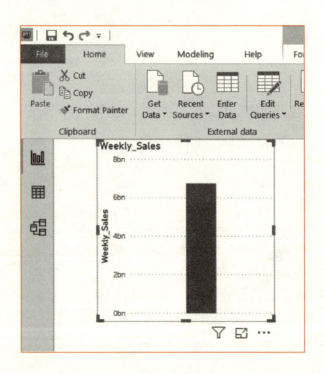

"可用字段"（Fields）旁边是可用于显示数据的大量"可视化呈现格式"（Visualizations）。用户可以在此处设立一些新的样式。

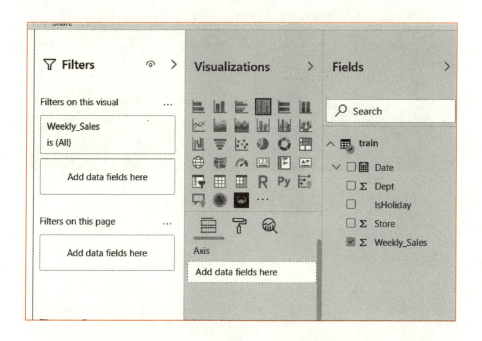

在"可视化呈现格式"标签下，第五行第六个图标看起来像 Excel 中的表格。如果首先使用简单的条形图呈现数据可视化效果，然后单击此"表图像"（table image），条形图将变成一个小表并显示每周销售总额。如果在可视化中删除"不要汇总"（don't summarize），则会显示所有商店所有部门所有星期的数据。

下面是加载连接所有文件后，通过创建关系得到的图像。这一操作是必需的，这样表格才能访问相关 Excel 表中的列和数据。最终 Power BI 呈现的数据关系如下。

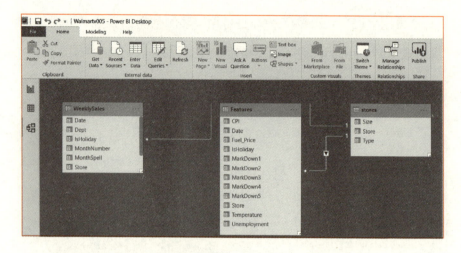

这样能以多种方式简单显示每周汇总的销售额。在下图中，当用户单击季度（Quarter）、商店类型（Type of Store）、部门（Dept）、年份（Year）或商店（Store）时，所有图表都会自动更新。

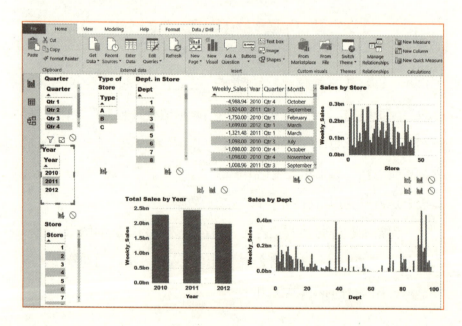

有些工具可以快速查找信息中的差异。数据分析速度十分惊人。对 Power BI 的介绍仅是一个概述，无论使用哪种工具，用户都必须精通这个或类似产品的功能。

"提问题"(Ask A Question)是 Power BI 一个吸引人的功能。

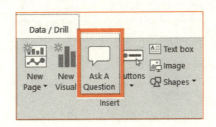

一旦数据被载入 Power BI，用户（注意，不一定是熟练的会计师）就可以输入问题并获得多得令人难以置信的数据。此例说明了会计职业性质将会发生变化的原因之一。之前，我们查看了根据数据和工具创建的界面。通过使用自然语言在 Power BI 的"提问题"功能中键入问题来创建以下图像，并提供以下分析。具有较强操作技能的人可能会提自己寻求答案的问题，而无须会计人员的帮助或资源。

total sales by quarter by year 2010 by store								
Quarter	1	2	3	4	5	6	7	8	9
⊟ Qtr 1	12,178,638.08	15,942,113.37	3,245,878.82	15,824,390.55	2,343,866.68	12,584,072.71	4,084,727.62	7,164,781.20	4,059,419.05
2010	12,178,638.08	15,942,113.37	3,245,878.82	15,824,390.55	2,343,866.68	12,584,072.71	4,084,727.62	7,164,781.20	4,059,419.05
⊟ Qtr 2	19,436,822.02	25,367,303.89	4,846,326.40	24,456,978.54	4,039,168.42	21,177,229.33	5,878,724.13	11,377,001.36	6,755,216.11
2010	19,436,822.02	25,367,303.89	4,846,326.40	24,456,978.54	4,039,168.42	21,177,229.33	5,878,724.13	11,377,001.36	6,755,216.11
⊟ Qtr 3	19,150,229.91	24,294,571.41	4,677,436.11	24,509,634.50	3,793,442.31	19,818,639.28	7,324,631.54	10,980,771.86	6,342,670.43
2010	19,150,229.91	24,294,571.41	4,677,436.11	24,509,634.50	3,793,442.31	19,818,639.28	7,324,631.54	10,980,771.86	6,342,670.43
⊟ Qtr 4	22,513,141.99	29,673,875.52	5,975,777.67	30,889,467.22	4,659,553.36	23,332,379.37	8,279,994.86	13,681,920.42	7,971,914.17
2010	22,513,141.99	29,673,875.52	5,975,777.67	30,889,467.22	4,659,553.36	23,332,379.37	8,279,994.86	13,681,920.42	7,971,914.17
Total	73,278,832.00	95,277,864.19	18,745,419.00	95,680,470.81	14,836,030.77	76,912,320.69	25,568,078.15	43,204,474.84	25,129,219.76

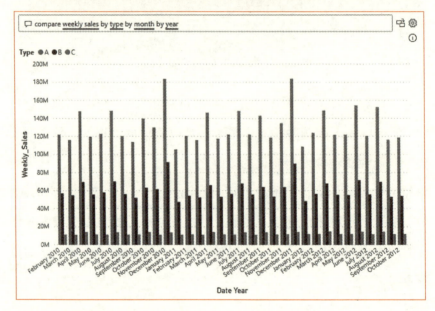

total sales by year by quarter by store

Quarter	1	2	3	4	5	6	7	8	9
⊟ Qtr 1	51,089,714.93	62,960,553.56	13,456,400.94	68,088,751.81	10,204,160.99	49,374,530.75	18,662,263.00	29,806,904.44	17,432,552.80
2010	…78,638.08	…2,113.37	3,245,878.82	…4,390.55	2,343,866.68	…84,072.71	4,084,727.62	7,164,781.20	4,059,419.05
2011	…314.02	…19.49	4,788,712.40	3,622,913.48	…2,518.08	5,784,888.17	…772,715.96	6,163,149.89	
2012	…762.83	…0.70	5,421,809.72	…30	4,237,380.83	…939.96	1,792,647.21	11,869,407.28	7,209,983.86
⊟ Qtr 2	60,428,109.28	74,356,863.71	15,459,189.58	79,302,988.73	12,523,263.09	61,906,682.20	19,601,375.00	34,970,658.35	21,323,863.59
2010	…822.02	…89	4,846,326.40	…54	4,039,168.42	…29.33	5,878,724.13	…377,001.36	5,755,216.11
2011	…527.14	…4.94	4,992,546.69	…52	4,017,730.98	…542.95	6,431,791.60	…674,026.04	7,083,712.37
2012	…760.12	…49	5,620,316.49	…67	4,466,363.69	…009.92	7,290,859.27	…919,630.95	484,935.11
⊟ Qtr 3	60,156,360.07	73,449,989.13	15,218,138.65	81,194,592.89	12,166,295.19	60,887,901.64	24,468,442.84	34,745,292.91	20,661,261.58
2010	…229.91	…11	4,677,436.11	…50	3,793,442.31	…639.28	7,324,631.54	…980,771.86	6,342,670.43
2011	…38	…86	5,242,697.07	…93	4,209,061.89	…950.12	4,881,023.91	…015,568.35	7,296,441.59
2012	…47.78	…86	5,298,005.47	…46	4,163,790.99	…312.24	4,262,787.39	…748,952.70	7,022,149.56
⊟ Qtr 4	50,728,624.57	64,615,034.58	13,453,005.90	70,957,619.95	10,581,969.63	51,587,016.05	18,866,194.30	30,428,325.43	18,371,541.02
2010	…41,99	…2	5,975,777.67	…7,2	4,659,553.36	…879.37	8,279,994.86	…681,920.42	7,971,914.17
2011	…95.29	…49	5,792,920.41	…4,1,2	4,621,113.65	…51.80	7,564,936.84	…050,475.81	7,142,665.80
2012	6,245,587.29	7,581,514.93	1,684,307.82	3,589,722.81	1,301,302.62	5,845,884.88	2,021,262.60	3,695,929.20	2,256,961.05
Total	222,402,808.85	275,382,440.98	57,586,735.07	299,543,953.38	45,475,688.90	223,756,130.64	81,598,275.14	129,951,181.13	77,789,218.99

💬 compare weekly sales by type by month by year

Type ● A ● B ● C

total sales by month by year 2011 by store

Month	1	2	3	4	5	6	7	8	9
⊞ January	…050.97	…000.95	1,475,045.38	…613.52	1,101,385.70	…924.11	2,243,460.47	…636.78	1,866,651.64
⊞ February	…887.57	…783.74	1,699,036.03	…523.58	1,292,485.85	…637.31	2,237,009.21	…167.96	2,223,984.06
⊞ March	…375.48	…434.80	1,229,041.93	…913.86	…956.66	2,304,418.49	…911.22	2,072,514.19	
⊞ April	…123.60	…76.69	1,884,147.52	…89	1,565,270.75	…276.62	2,314,366.59	…354.77	2,692,736.65
⊞ May	…431.80	…271.09	1,533,308.53	…206.56	1,210,598.71	…600.16	1,702,994.37	…531,210.05	2,156,478.04
⊞ June	…971.74	…607.16	1,575,090.64	…84.07	1,241,861.52	…666.17	2,414,430.64	…613,461.22	2,234,497.68
⊞ July	…654.31	…01.75	1,843,561.95	…80	1,488,829.34	…23.14	3,450,312.94	…232,558.45	2,548,781.12
⊞ August	…985.73	…707.02	1,536,442.56	…08.44	1,221,606.73	…529.40	2,641,213.98	…556,799.19	2,158,647.43
⊞ September	…542.34	…54.09	1,862,692.56	…69	1,498,625.82	…197.58	2,789,496.99	…226,210.71	2,589,013.04
⊞ October	…327.75	…412.12	1,556,141.95	…22	1,208,333.48	…627.68	2,113,856.50	…575,861.61	2,188,955.34
⊞ November	…972.83	…97.85	1,822,971.63	…95.19	1,481,403.37	…798.54	2,609,454.03	…997,099.58	2,549,596.96
⊞ December	…4.71	…16	2,413,806.83	…5	1,931,376.80	…58	2,841,626.31	…77,514.62	2,404,113.50
Total	80,921,918.83	98,607,881.42	20,816,876.57	111,092,293.33	16,470,820.00	80,528,762.95	30,662,640.52	47,512,786.16	28,685,969.65

小测验

5. WolframAlpha 是什么?

a. 数据分析软件　　　　　　b. 书呆子版谷歌

c. 预测分析软件　　　　　　d. MapR 框架中的子程序

6. 文中用＿＿＿＿＿对谷歌地图进行说明。

a. 咨询服务　　　　　　　　b. 犯罪统计

c. 供应商离差　　　　　　　d. 美国各地的邮局

Hadoop 究竟是什么?

Apache Hadoop 项目开发出一个开源软件,进行可靠的、可伸缩的分布式计算。Hadoop 是一个能够存储大型数据集的框架。这些数据集使用简单的编程模型分布在多个计算机集群中,并用 Java 编写,从而可在单个计算机或大型商用硬件计算机集群上运行。该软件源于谷歌发表的论文,融合了谷歌文件系统(GFS)和 MapReduce 的特性,这一点单从 Hadoop 的分布式文件系统和 Hardtop MapReduce 两个软件的名字中就可看出。

Hadoop 技术旨在解决企业大数据的处理问题,并取得了巨大的成功。它可以快速处理大量来自脸书、推特等网站和自动传感器的数据。

Hadoop 术语:

● 开源软件:在创建和管理程序的开发人员的开放网络上运行。

- 框架：能让用户开发和运行软件应用程序的一切，通过程序、工具箱、连接等完成。
- 分布式数据：分布并存储在多台计算机上，并且可以在多台相连的计算机上同时进行计算。
- 大规模存储：Hadoop 框架可以将大量数据以块的形式存储在低成本的商品硬件集群上。
- 更快的处理：在紧密连接的低成本计算机集群中并行处理大量数据，以快速得出结果。

小测验

7. 下面哪项是对 Hadoop 的描述？

a. 专有的。

b. 开源的。

c. 私有的，但可用以降低非营利组织的成本。

d. 专有的，必须在 Unix 环境中运行。

Hadoop 的历史

更大的数据需求使得用户需要更快的搜索和处理功能。为了应对这一需求，道格·卡廷（Doug Cutting）和迈克·卡菲瑞拉（Mike Caferella）着手进行了 Nutch 项目——一个开源网络搜索引擎项目。他们在低成本的计算机上使用分布式数据和计算来同时完成多个任务。同一时期，谷歌也在进行类似的项目，以分布式方式实现数据存储和处理，更快得出更相关的搜索结果。2006 年，卡廷跳槽到雅虎，继续进行 Nutch 项目，该项目分为两部分：网络爬虫和分布式处理（也就是后来的 Hadoop）。

2008 年 Hadoop 作为开源项目发布，由非营利机构 ASF 进行管理和维护。由软件开发人员和贡献者组成的全球小组进行项目开发。

Hadoop 的核心组件

Apache Hadoop 生态系统

资料来源："Big Data Basics," MSSQLTIPS, www.mssqltips.com/sqlservertip/3262/big-data-basics--part-6--related-apache-projects-in-hadoop-ecosystem/.

以下是 ASF 的核心组成部分。

- HDFS：基于 Java 的分布式文件系统，无须事先组织即可存储结构化、非结构化等数据。
- MapReduce：可并行处理大量数据的软件模型。

- YARN：资源管理框架，用于调度和处理来自分布式应用程序的资源请求。

- Pig：操作存储在 HDFS 中数据的平台。所有这些都是通过名为 Pig Latin 的编译器完成的，用于 MapReduce 程序和高级语言。用户无须编写 MapReduce 程序即可进行数据的提取、转换、加载和基本分析。

- Hive：与数据库编程类似，它以表格的形式创建数据。Hive是一种数据仓库和查询语言。

- Hbase：运行在 Hadoop 之上，作为 MapReduce 作业的输入和输出。它是一个非相关的分布式数据库。

- Zookeeper：用于协调分布式进程的应用程序。

- Ambari：用于在 Hadoop 环境中管理、配置和测试的网络接口。

- Flume：收集、集聚数据并将数据流传送到 HDFS 中的软件。

- Sqoop：在 Hadoop 及其关系数据库之间移动数据的传输机制。

- Oozie：Hadoop 作业调度程序。

小测验

8. Hive 是什么？

a. 数据清理程序。

b. 数据分析工具。

c. 数据仓库和查询语言。

d. 用于协调分布式进程的应用程序。

练习

1. 根据 IBM 的调查，列出大数据的功能。

2. Hadoop 的开发目的是什么？

3. MapReduce 的开发目的是什么？

4. 什么是 R ？

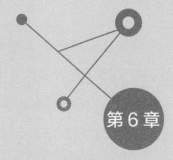

第 6 章

大数据终端用户及会计工具

| 学习目标 |

- 了解如何运用大数据进行优化。
- 回顾电子零售业中大数据的一个实例。
- 认识其他大数据源。

导语

本章将探讨可用于大数据分析的会计工具。读者可能对某些工具比较熟悉，但或许从未考虑将这些工具用于大数据分析。其中有一个工具对于产生销售和口碑推荐的分析非常有用。我们将从一个真实的例子开始讨论大数据的使用，这些数据来自一个全国性的零售商。通过此例，我们将说明如何访问、分析和评估大数据，包括信息中已有的数据和从大数据中得出的推论。

大数据实例

在本节中，参与者将置身于一个大数据实例中。在阅读例子时，请记住以下几点：

- 注意真实大数据的"外观"。
- 思考是否可以从大数据中得出某种趋势。
- 推测趋势如何变化。
- 思考根据数据可以采取哪些管理措施。

百思买公司的数据访问

百思买公司的部分大数据是对外公开的。可以访问 https://developer.bestbuy.com/ 获取数据。

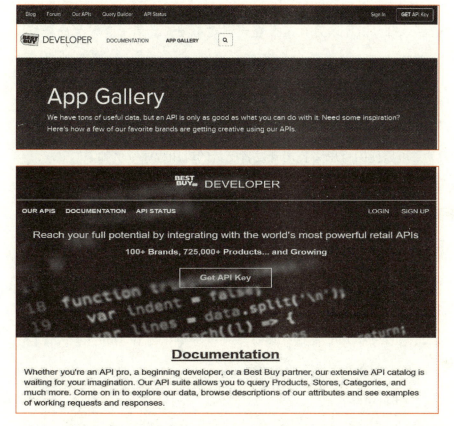

首先需要获取 API（应用程序接口）密钥，单击网站右上角的
"获取 API 密钥"（GET API Key）。当访问适用的应用程序时，会分
配一个密钥以供使用。

本章将举例说明百思买公司的开发者计划。

查询生成器（Query Builder）

查询生成器通过创建自定义查询，帮助用户充分利用百思

买API。你可以为自定义查询创建基础，或使用查询生成器访问百思买API数据。你甚至可以自定义回复，以更好地满足需要。

可以使用百思买公司开发者工具的应用程序举例如下。

IFTTT

IFTTT通过一个简单的指令帮助你建立强大的联系："如果……，那么……。"IFTTT已经与脸书、印象笔记、领英、电子邮件，以及百思买等渠道集成。通过百思买这一渠道，你可以创建包含产品价格、趋势和可用性变化的IFTTT组合。请在IFTTT上查看百思买的组合样本。

Factual

Factual的Global Places是一个权威数据库，其中列出了50个国家超过6 500万家本地企业和可搜索目的地。Global Places使用商店的API将1 000多家百思买商店的位置数据合并在一起，为全球的开发人员提供可靠的信息。

Listia

Listia是一个很受欢迎的在线市场，用户可发布他们闲置的二手物品以赚取积分，这些积分可以兑换其他用户发布的商品或百思买和其他零售商上架的商品。通过与 Listia 合作，百思买帮助客户减少杂物，从垃圾填埋场回收可用的电子产品，并为新的科技设备找到好去处。

TrackIf

TrackIf 是一个新型购物整合器，它可以在网络上搜索你想要的产品。TrackIf 在其合作网站上寻找当天产品的最优价，提供降价和供货通知。

条形码识别（ShopSavvy）

百思买与 ShopSavvy 合作，让客户即使在门店购物也能在网上搜索低价。客户可以使用 ShopSavvy 应用程序扫描店内商品，然后比较竞争对手的价格、查看销售情况、进行在线购物等。

花旗银行（CitiBank）

花旗银行推出 ThankYou 奖励计划，客户可通过信用卡或支票账户参与活动并赢取积分。这些积分可以兑换各种各样的产品，包括百思买的平板电脑、游戏机和其他电子产品。客户可以在最近的百思买门店提货或选择邮寄，这为各行各业的人们提供了便利，成为百思买客户的绝佳商品搜索工具。

Jifiti

对于即将到来的生日或活动，人们会暗示自己想收到什么礼物，但最后这种努力总是白费。对厌倦了这一切的人而言，Jifiti 是一款聪明的应用。您的客人将收到一份由您事先确定的礼物愿望清单，他们从中选定中意的礼物后，您会收到一封虚拟电子礼品卡的电子邮件用来买单。这会是一份体贴的礼物，因为送礼者和接受者都能灵活地选择自己的喜好。

百思买应用（Best Buy App）

百思买应用让客户随时随地逛百思买。你可以浏览整个目录、阅读评论、比较规格，查询 My Best Buy 奖励积分等。你甚至可以直接在手机上购买，选择送货上门或去店内取货。

RedLaser

在大多数大型零售商店内，客户可以使用 RedLaser 扫描通用产品码（UPC）和二维码，即时比较价格，选择最低价及可用的优惠券或特别优惠。还可以通过在应用程序中购买以减少网络浏览时间，My Best Buy 客户还可扫描百思买会员卡，获得顾客忠诚度优惠。

FindTheBest

FindTheBest 是一个在线研究引擎，提供 2 000 多个主题的详细信息，使人们能够毫不犹疑地进行研究。FindTheBest 利用产品 API 及时为百思买的产品提供定价和详细信息。

作者收到访问数据的密钥（通过电子邮件）后，返回到前面给出的页面，单击查询生成器。

下图展示了访问百思买目录的过程。

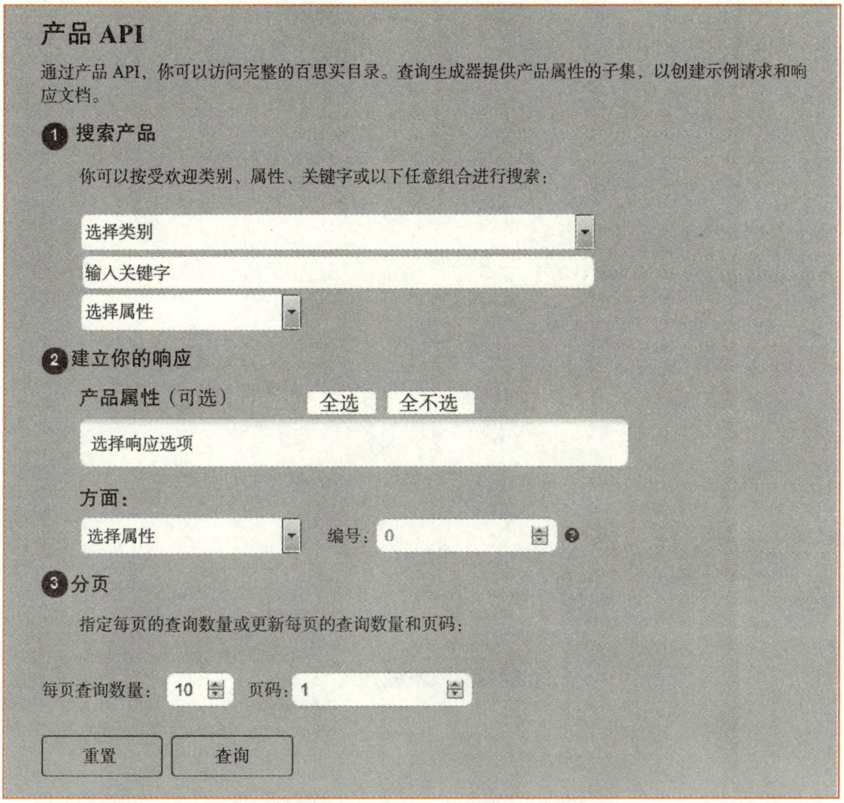

产品 API

通过产品 API，你可以访问完整的百思买目录。查询生成器提供产品属性的子集，以创建示例请求和响应文档。

1 搜索产品

你可以按受欢迎类别、属性、关键字或以下任意组合进行搜索：

选择类别

输入关键字

选择属性

2 建立你的响应

产品属性（可选）　　全选　全不选

选择响应选项

方面：

选择属性　　编号：　0

3 分页

指定每页的查询数量或更新每页的查询数量和页码：

每页查询数量：　10　页码：　1

重置　查询

资料来源：Best Buy website, http://bestbuyapis.github.io/bby-query-builder/#/productSearch.

请注意，查询框中可以包括许多选项，例如类别和属性（见下图）。

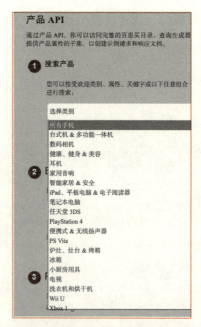

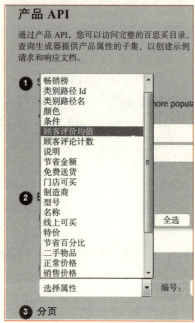

作者输入数据并查询了浏览次数最多的产品。下图显示了详细的查询信息。

URL Breakdown

Here is an anatomy of your request, showing all of the "pieces" that make up your complete URL:

baseURL : https://api.remix.bestbuy.com/v1/products
categoryId : (categoryPath.id=abcat0401000)
attribute : (onSale=true)
apiKey : ?apiKe
sortOptions : &sort=bestSellingRank.asc
showOptions :
&show=accessories.sku,addToCartUrl,bestSellingRank,categoryPath.id,categoryPath.name,color,c

facets : &facet=manufacturer
callback : &callback=JSON_CALLBACK
responseformat : &format=json

Complete URL

#request:

https://api.remix.bestbuy.com/v1/products(onSale=true&
(categoryPath.id=abcat0401000))?apiKey   &sort=bestSellingRank.asc&
show=accessories.sku,addToCartUrl,bestSellingRank,categoryPath.id,categoryPath.name,color
,condition,customerReviewAverage,customerReviewCount,description,details.name,details.val
ue,dollarSavings,features.feature,freeShipping,frequentlyPurchasedWith.sku,image,included
Itemlist.includedItem,inStoreAvailability,inStoreAvailabilityText,longDescription,manufac
turer,mobileUrl,modelNumber,name,onlineAvailability,onlineAvailabilityText,onSale,percent
Savings,preowned,regularPrice,relatedProducts.sku,salePrice,shipping,shippingCost,shortDe
scription,sku,thumbnailImage,type,upc,url&facet=manufacturer&callback=JSON_CALLBACK&
format=json

#response:

小测验

1. 查询生成器允许用户执行什么操作?

a. 进行假设分析。

b. 处理不需要的电子产品。

c. 为百思买产品创建自定义查询。

d. 创建"如果……，那么……"的指令进行数据分析。

2. 哪些字段不属于百思买产品的属性?

a. 销售价格

b. 正常价格

c. 折扣

d. 节省百分比

3. 要用百思买网站查询，用户必须_____。

a. 能够使用数据挖掘软件

b. 获取 API 密钥

c. 能够读取 HTML

d. 获取百思买现场翻译程序

练习题

以下页面均被格式化。除非你有 IT 背景或者有能自动破译的程序，否则很难看懂。请单独或和小伙伴一起花几分钟观察下面的信息。你注意到什么细节？

{"metadata":{"resultSet":{"count":10},"context":{"canonicalUrl":"http://api.bestbuy.com/beta/products/most
Viewed?apiKey=count"}},"results":[{"customerReviews":{"averageScore":"4.7","count":13308},"descriptions":
{"short":"3rd generation; compatible with most HDTVs with an HDMI interface; allows you to stream
movies, TV shows, photos and music from your computer to an HDTV or home theater system;
802.11a/b/g/n wireless LAN. \nLearn more about smart products."},"images":{"standard":"http://img.
bbystatic.com/BestBuy_US/images/products/4854/4854433_sc.jpg"},"links":{"product":"http://api.remix.b
estbuy.com/v1/products/4854433.json?apiKey=56fgbf8desj1h7af8dfghjk6","web":"http://www.bestbuy.c
om/site/apple-apple-tv-black/4854433.p?id=1218552476525&skuId=4854433&cmp=RMX&ky
=28eiIkWRnU6kpSRaThWcSIdBYJmvGGbrI","addToCart":"http://www.bestbuy.com/site/olspage.jsp?id=p
cmcat152200050035&type=category&cmp=RMX&ky=28eiIkWRnU6kpSRaThWcSIdBYJmvGGbrI&qvsids
=4854433"},"names":{"title":"Apple® - Apple TV® - Black"},"prices":{"current":69.99,"regular":69.99},
"rank":2,"sku":"4854433"},{"customerReviews":{"averageScore":"4.4","count":475},"descriptions":{"short":"Tra
cks steps taken, distance traveled, calories burned, stairs climbed, elapsed time and sleep metrics; wrist-
based heart rate monitoring; call notifications; backlit display"},"images":{"standard":"http://img.

bbystatic.com/BestBuy_US/images/products/8681/8681533_sc.jpg"},"links":{"product":"http://api.remix.b
estbuy.com/v1/products/8681533.json?apiKey=56fgbf8desj1h7af8dfghjk6","web":"http://www.bestbuy.c
om/site/fitbit-charge-hr-heart-rate-and-activity-tracker-sleep-wristband-small-black/8681533.p?
id=1219357512977&skuId=8681533&cmp=RMX&ky=28eiIkWRnU6kpSRaThWcSIdBYJmvGGbrI","addTo
Cart":"http://www.bestbuy.com/site/olspage.jsp?id=pcmcat152200050035&type=category&cmp=RMX&
ky=28eiIkWRnU6kpSRaThWcSIdBYJmvGGbrI&qvsids=8681533"},"names":{"title":"Fitbit - Charge HR Heart
Rate and Activity Tracker + Sleep Wristband (Small) - Black"},"prices":{"current":149.99,"regular":149.99},
"rank":7,"sku":"8681533"},{"customerReviews":{"averageScore":"4.1","count":75},"descriptions":{"short":"Win
dows 8.1Technical details: AMD A8-Series processor; 15.6\" display; 6GB memory; 500GB hard
driveSpecial features: Bluetooth; HDMI output"},"images":{"standard":"http://img.bbystatic.com/
BestBuy_US/images/products/2996/2996026_sc.jpg"},"links":{"product":"http://api.remix.bestbuy.com/v1
/products/2996026.json?apiKey=56fgbf8desj1h7af8dfghjk6","web":"http://www.bestbuy.com/site/lenovo
-15-6-laptop-amd-a8-series-6gb-memory-500gb-hard-drive-black/2996026.p?id=1219567191659
&skuId=2996026&cmp=RMX&ky=28eiIkWRnU6kpSRaThWcSIdBYJmvGGbrI","addToCart":"http://www.be
stbuy.com/site/olspage.jsp?id=pcmcat152200050035&type=category&cmp=RMX&ky=28eiIkWRnU6kpS
RaThWcSIdBYJmvGGbrI&qvsids=2996026"},"names":{"title":"Lenovo - 15.6\" Laptop - AMD A8-Series -
6GB Memory - 500GB Hard Drive - Black"},"prices":{"current":329.99,"regular":329.99},"rank":
10,"sku":"2996026"},{"customerReviews":{"averageScore":null,"count":null},"descriptions":{"short":"10.8\"
LCD touch screen with 1920 x 1280 resolutionWindows 8.1 operating system128GB storage
capacityQuad-core processorWi-FiBluetooth interface"},"images":{"standard":"http://img.bbystatic.com/
BestBuy_US/images/products/4968/4968016_sc.jpg"},"links":{"product":"http://api.remix.bestbuy.com/v1
/products/4968016.json?apiKey=56fgbf8desj1h7af8dfghjk6","web":"http://www.bestbuy.com/site/micro
soft-surface-3-10-8-intel-atom-128gb-silver/4968016.p?id=1219645631904&skuId=4968016&cmp=RMX
&ky=28eiIkWRnU6kpSRaThWcSIdBYJmvGGbrI","addToCart":"http://www.bestbuy.com/site/olspage.jsp?i
d=pcmcat152200050035&type=category&cmp=RMX&ky=28eiIkWRnU6kpSRaThWcSIdBYJmvGGbrI&qvs
ids=4968016"},"names":{"title":"Microsoft - Surface 3 - 10.8\" - Intel Atom - 128GB - Silver"},"prices":
{"current":599.99,"regular":599.99},"rank":3,"sku":"4968016"},{"customerReviews":{"averageScore":null,"coun
t":null},"descriptions":{"short":"10.8\" LCD touch screen with 1920 x 1280 resolutionWindows 8.1 operating
system64GB storage capacityQuad-core processorWi-FiBluetooth interface"},"images":{"standard":
"http://img.bbystatic.com/BestBuy_US/images/products/4967/4967017_sc.jpg"},"links":{"product":"http://
api.remix.bestbuy.com/v1/products/4967017.json?apiKey=56fgbf8desj1h7af8dfghjk6","web":"http://ww
w.bestbuy.com/site/microsoft-surface-3-10-8-intel-atom-64gb-silver/4967017.p?id=1219645630549
&skuId=4967017&cmp=RMX&ky=28eiIkWRnU6kpSRaThWcSIdBYJmvGGbrI","addToCart":"http://www.be
stbuy.com/site/olspage.jsp?id=pcmcat152200050035&type=category&cmp=RMX&ky=28eiIkWRnU6kpS
RaThWcSIdBYJmvGGbrI&qvsids=4967017"},"names":{"title":"Microsoft - Surface 3 - 10.8\" - Intel Atom -
64GB - Silver"},"prices":{"current":499.99,"regular":499.99},"rank":1,"sku":"4967017"},{"customerReviews":
{"averageScore":"4.6","count":2081},"descriptions":{"short":"12\" touch screen with 2160 x 1440
resolutionWindows 8.1 Pro operating system128GB storage capacity4th generation Intel®
Core™ i5 ProcessorMulti-position Kickstand"},"images":{"standard":"http://img.bbystatic.com/
BestBuy_US/images/products/6243/6243045_sc.jpg"},"links":{"product":"http://api.remix.bestbuy.com/v1
/products/6243045.json?apiKey=56fgbf8desj1h7af8dfghjk6","web":"http://www.bestbuy.com/site/micro
soft-surface-pro-3-12-intel-core-i5-128gb-silver/6243045.p?id=1219198824874&skuId=6243045
&cmp=RMX&ky=28eiIkWRnU6kpSRaThWcSIdBYJmvGGbrI","addToCart":"http://www.bestbuy.com/site/o
lspage.jsp?id=pcmcat152200050035&type=category&cmp=RMX&ky=28eiIkWRnU6kpSRaThWcSIdBYJm
vGGbrI&qvsids=6243045"},"names":{"title":"Microsoft - Surface Pro 3 - 12\" - Intel Core i5 - 128GB -
Silver"},"prices":{"current":999.99,"regular":999.99},"rank":8,"sku":"6243045"},{"customerReviews":{"averageS
core":"4.0","count":805},"descriptions":{"short":"Compatible with off-air HDTV broadcasts; retractable VHF
dipoles; UHF loop"},"images":{"standard":"http://img.bbystatic.com/BestBuy_US/images/products/

8280/8280834_sc.jpg"},"links":{"product":"http://api.remix.bestbuy.com/v1/products/8280834.json?apiKey=56fgbf8desj1h7af8dfghjk6","web":"http://www.bestbuy.com/site/rca-indoor-off-air-hdtv-antenna/8280834.p?id=1171058630499&skuId=8280834&cmp=RMX&ky=28eiIkWRnU6kpSRaThWcSIdBYJmvGGbrI","addToCart":"http://www.bestbuy.com/site/olspage.jsp?id=pcmcat152200050035&type=category&cmp=RMX&ky=28eiIkWRnU6kpSRaThWcSIdBYJmvGGbrI&qvsids=8280834"},"names":{"title":"RCA - Indoor Off-Air HDTV Antenna"},"prices":{"current":3.99,"regular":9.99},"rank":4,"sku":"8280834"},
{"customerReviews":{"averageScore":"4.6","count":1466},"descriptions":{"short":"1080p resolutionClear Motion Rate 120Smart TVENERGY STAR Certified"},"images":{"standard":"http://img.bbystatic.com/BestBuy_US/images/products/5674/5674002_sc.jpg"},"links":{"product":"http://api.remix.bestbuy.com/v1/products/5674002.json?apiKey=56fgbf8desj1h7af8dfghjk6","web":"http://www.bestbuy.com/site/samsung-40-class-40-diag--led-1080p-smart-hdtv-black/5674002.p?id=1219146763131&skuId=5674002&cmp=RMX&ky=28eiIkWRnU6kpSRaThWcSIdBYJmvGGbrI","addToCart":"http://www.bestbuy.com/site/olspage.jsp?id=pcmcat152200050035&type=category&cmp=RMX&ky=28eiIkWRnU6kpSRaThWcSIdBYJmvGGbrI&qvsids=5674002"},"names":{"title":"Samsung - 40\" Class (40\" Diag.) - LED - 1080p - Smart - HDTV - Black"},"prices":{"current":379.99,"regular":479.99},"rank":6,"sku":"5674002"},{"customerReviews":{"averageScore":"4.6","count":733},"descriptions":{"short":"1080p resolutionClear Motion Rate 240Smart TV, Samsung Smart Hub, Web browser includedENERGY STAR Certified"},"images":{"standard":"http://img.bbystatic.com/BestBuy_US/images/products/6594/6594118_sc.jpg"},"links":{"product":"http://api.remix.bestbuy.com/v1/products/6594118.json?apiKey=56fgbf8desj1h7af8dfghjk6","web":"http://www.bestbuy.com/site/samsung-60-class-60-diag--led-1080p-smart-hdtv-black/6594118.p?id=1219226753264&skuId=6594118&cmp=RMX&ky=28eiIkWRnU6kpSRaThWcSIdBYJmvGGbrI","addToCart":"http://www.bestbuy.com/site/olspage.jsp?id=pcmcat152200050035&type=category&cmp=RMX&ky=28eiIkWRnU6kpSRaThWcSIdBYJmvGGbrI&qvsids=6594118"},"names":{"title":"Samsung - 60\" Class (60\" Diag.) - LED - 1080p - Smart - HDTV - Black"},"prices":{"current":849.99,"regular":1199.99},"rank":9,"sku":"6594118"},{"customerReviews":{"averageScore":null,"count":null},"descriptions":{"short":"DLP 480p3D not enabled100 lumens white brightness, 100 lumens color brightnessSpeakers included"},"images":{"standard":"http://img.bbystatic.com/BestBuy_US/images/products/5036/5036011_sc.jpg"},"links":{"product":"http://api.remix.bestbuy.com/v1/products/5036011.json?apiKey=56fgbf8desj1h7af8dfghjk6","web":"http://www.bestbuy.com/site/zte-spro-dlp-wireless-smart-projector-black/5036011.p?id=1219645630545&skuId=5036011&cmp=RMX&ky=28eiIkWRnU6kpSRaThWcSIdBYJmvGGbrI","addToCart":"http://www.bestbuy.com/site/olspage.jsp?id=pcmcat152200050035&type=category&cmp=RMX&ky=28eiIkWRnU6kpSRaThWcSIdBYJmvGGbrI&qvsids=5036011"},"names":{"title":"ZTE - SPro DLP Wireless Smart Projector - Black"},"prices":{"current":399.99,"regular":449.99},"rank":5,"sku":"5036011"}]}

　　这个练习是为了展示以结构化方式收集的信息类型，而这种信息是我们一般不会访问的，这也正是它有趣的地方。以上数据来源于 2015 年 5 月 5 日。将这些数据输入 Excel 进行分析并提取所需信息，用起来更加方便。两天后（5 月 7 日）又进行了同样的操作，并将其放入同一个 Excel 工作表。下图分别给出了一张大图上最左边和最右边的数据。

	A	B	C	D	E	F	G	H	I	J	K	L	M	N	O	P	Q	R
1			customerReviews":{"averageScore":"4.7","count":13332},"descriptions":[{"short":"3rd generation; compatible with most HDTVs with an HDMI interface; allows you to stream movies, TV shows, photos and music																
1	5-May																	
2	customerReviews":{"averageScore":"4.7","count":13308},"descriptions":[{"short":"3rd generation; compatible with most HDTVs with an HDMI interface; allows you to stream movies, TV shows, phot																
3	customerReviews":{"averageScore":"4.4","count":475},"descriptions":[{"short":"Tracks steps taken, distance traveled, calories burned, stairs climbed, elapsed time and sleep metrics; wrist-based hear																
4	customerReviews":{"averageScore":"4.1","count":75},"descriptions":[{"short":"Windows 8.1Technical details: AMD A8-Series processor; 15.6" display; 6GB memory; 500GB hard driveSpecial feature																
5	customerReviews":{"averageScore":"null,"count":null},"descriptions":[{"short":"10.8" LCD touch screen with 1920 x 1280 resolutionWindows 8.1 operating system128GB storage capacityQuad-core p																
6	customerReviews":{"averageScore":"null,"count":null},"descriptions":[{"short":"10.8" LCD touch screen with 1920 x 1280 resolutionWindows 8.1 operating system64GB storage capacityQuad-core pr																
7	customerReviews":{"averageScore":"4.6","count":2081},"descriptions":[{"short":"12" touch screen with 2160 x 1440 resolutionWindows 8.1 Pro operating system128GB storage capacity4th genera																
8	customerReviews":{"averageScore":"4.6","count":805},"descriptions":[{"short":"Compatible with off-air HDTV broadcasts; retractable VHF dipoles; UHF loop"}],"images":[{"standard":"http://img.bbystatic																
9	customerReviews":{"averageScore":"4.6","count":1466},"descriptions":[{"short":"1080p resolutionClear Motion Rate 120Smart TVENERGY STAR Certified"}, Samsung Smart TV, Samsung Smart Hub, Web browser includedENERGY STAR Certified"																
10	customerReviews":{"averageScore":"4.6","count":733},"descriptions":[{"short":"1080p resolutionClear Motion Rate 240Smart TV, Samsung Smart TV, Samsung Smart Hub, Web browser includedENERGY STAR Certified"],"images":[{"stand																
11	customerReviews":{"averageScore":"null,"count":null},"descriptions":[{"short":"DLP480p3D not enabled100 lumens color brightness, 100 lumens white brightness, safe for use with most fabric types; in																
12																		
13	7-May																	
14	customerReviews":{"averageScore":"4.7","count":13332},"descriptions":[{"short":"3rd generation; compatible with most HDTVs with an HDMI interface; allows you to stream movies, TV shows, phot																
15	customerReviews":{"averageScore":"4.9","count":826},"descriptions":[{"short":"All-occasion gift card; shipped free; no expiration date or fees; safeguards against theft protect your purchase; good to																
16	customerReviews":{"averageScore":"4.1","count":81},"descriptions":[{"short":"Windows 8.1Technical details: AMD A8 Series processor; 15.6" display; 6GB memory; 500GB hard driveSpecial feature																
17	customerReviews":{"averageScore":"4.5","count":195},"descriptions":[{"short":"Qualcomm Snapdragon 800 2.26GHz quad-core processorAndroid 4.2.2 Jelly Bean operating system4G LTE speedWi-F																
18	customerReviews":{"averageScore":"null,"count":3},"descriptions":[{"short":"10.8" LCD touch screen with 1920 x 1280 resolutionWindows 8.1 operating system128GB storage capacityQuad-core pr																
19	customerReviews":{"averageScore":"null,"count":null},"descriptions":[{"short":"10.8" LCD touch screen with 1920 x 1280 resolutionWindows 8.1 operating system64GB storage capacityQuad-core pr																
20	customerReviews":{"averageScore":"4.0","count":805},"descriptions":[{"short":"Compatible with off-air HDTV broadcasts; retractable VHF dipoles; UHF loop"}],"images":[{"standard":"http://img.bbystat																
21	customerReviews":{"averageScore":"4.6","count":1467},"descriptions":[{"short":"1080p resolutionClear Motion Rate 120Smart TVENERGY STAR Certified"}, Samsung Smart TV, Samsung Smart Hub, Web browser includedENERGY STAR Certified"																
22	customerReviews":{"averageScore":"4.6","count":733},"descriptions":[{"short":"1080p resolutionClear Motion Rate 240Smart TV, Samsung Smart TV, Samsung Smart Hub, Web browser includedENERGY STAR Certified"],"images":[{"stand																
23	customerReviews":{"averageScore":"4.1","count":52},"descriptions":[{"short":"Lets you dewrinkle, refresh, restore and preserve clothes in as little as 10 minutes; safe for use with most fabric types; in																
24																		

	CB	CC	CD	CE	CF	CG	CH	CI	CJ	CK	CL	CM	CN	CO	CP	CQ	CR	CS
1																		
2	:fWRnIU6kpSRaThWcSIdBYImvGGbrl&qvsids=4854433"}],"names":[{"title":"Apple®Apple® Apple TV®- Black"}],"prices":[{"current":"69.99","regular":"69.99","rank":"2","sku":"4854433"}],["																
3	Ibrl&qvsids=8681533"}],"names":[{"title":"Fitbit - Charge HR Heart Rate and Activity Tracker + Sleep Wristband (Small) - Black"}],"prices":[{"current":"149.99","regular":"149.99","rank":"7","sku":"8681533"}],["																
4	:names":[{"title":"Lenovo - 15.6" Laptop - AMD A8-Series - 6GB Memory - 500GB Hard Drive - Black"}],"prices":[{"current":"329.99","regular":"329.99","rank":"10","sku":"2996026"}],["																
5	Microsoft - Surface 3 - 10.8" - Intel Atom - 128GB - Silver"}],"prices":[{"current":"599.99","regular":"599.99","rank":"3","sku":"4968016"}],["																
6	fqvsids=6243045"}],"names":[{"title":"Microsoft - Surface Pro 3 - 12\" - Intel Core i5 - 128GB - Silver"}],"prices":[{"current":"499.99","regular":"499.99","rank":"1","sku":"4967017"}],["																
7	fqvsids=6243045"}],"names":[{"title":"Microsoft - Surface Pro 3 - 12" - Intel Core i5 - 128GB - Silver"}],"prices":[{"current":"999.99","regular":"999.99","rank":"8","sku":"6243045"}],["																
8	F"8280834"}],["																	
9	:prices":[{"current":"379.99","regular":"479.99","rank":"6","sku":"5674002"}],["																
10	flag.] - LED - 1080p - Smart - HDTV - Black"}],"prices":[{"current":"849.99","regular":"1199.99","rank":"9","sku":"6594118"}],["																
11	F"current":"399.99","regular":"449.99","rank":"5,"sku":"5036011"}]}}																
12																		
13																		
14	:WRnIU6kpSRaThWcSIdBYImvGGbrl&qvsids=4854433"}],"names":[{"title":"Apple®Apple® Apple TV®- Black"}],"prices":[{"current":"69.99","regular":"69.99","rank":"2","sku":"4854433"}],["																
15	F[{"title":"Best Buy GC - $15 Gift Card"}],"prices":[{"current":"15.0,"regular":"15.0","rank":"9","sku":"6263962"}],["																
16	:names":[{"title":"Lenovo - 15.6" Laptop - AMD A8-Series - 6GB Memory - 500GB Hard Drive - Black"}],"prices":[{"current":"329.99","regular":"329.99","rank":"10","sku":"2996026"}],["																
17	rizon Wireless)"}],"prices":[{"current":"149.99,"regular":"199.99},"rank":"4,"sku":"17231195"}],["																
18	Microsoft - Surface 3 - 10.8" - Intel Atom - 128GB - Silver"}],"prices":[{"current":"599.99","regular":"599.99","rank":"5,"sku":"4968016"}],["																
19	Microsoft - Surface 3 - 10.8" - Intel Atom - 64GB - Silver"}],"prices":[{"current":"499.99","regular":"499.99","rank":"3,"sku":"4967017"}],["																
20	F"8280834"}],["																	
21																		
22	:prices":[{"current":"379.99","regular":"479.99},"rank":"7,"sku":"5674002"}],["																
23	F"7778016"}],"names":[{"title":"SWASH - Express Clothing Care System - Linen"}],"prices":[{"current":"499.99","regular":"499.99},"rank":"1,"sku":"7778016"}]}}																
24																		

对比5月5日和5月7日的数据，有没有什么特别有趣的发现？

_____

_____

_____

_____

_____

_____

_____

_____

_____

_____

通过这次调查，我们了解到什么？

- 排名前十的产品。

- 产品的排名。

- 现在的价格。

- 原始销售价格。

- 此报表可以在不同的销售期内进行评估。

我们可以利用这些数据做什么？

- 与消费者在其他商店搜索的商品做比较。

- 在不同的时间（节日前和节日后）进行评估。

- 识别即时价格的变化。

- 反映消费者对产品即时兴趣的变化。

- 与未来的实际销售额（预测）相关联。

- 与发出的传单相关联。

- 与网站上的产品定位相关联。

- 与网站上的特别优惠相关联。

特别有趣的是，礼品卡和洗衣机的数量在上升。5月5日，礼品卡或洗衣机没有一丁点儿成为热门产品的迹象。然而，5月7日，两者都跻身前列。这些信息是否反映了人们在"母亲节"选择礼物的倾向？（注：在获得百思买数据的访问许可后，作者与百思买公司代表探讨了这一看法。当百思买的代表提到"母亲节"时，作者讲了这一观点。）

从数据中还可以得出许多其他结论和推断，但可以明显看出，从过去未追踪的数据中能得出深刻的见解。观察未来几周的实际销售额，以及排名前列的产品与实际销售额之间是否存在相关性，会很有意思。另外，请从竞争对手的角度思考这些信息。竞争对手甚至不用派一个"神秘购物者"来，只用这些数据就可以进行比较了。

定价优化

很少有单一的定价，要是有，那这个定价一定适用于所有的客户。定价有许多不同的决定因素，其中包括：

- 是不是商品。

- 产品可用性。

- 是否有替代产品。

- 购买量。

- 季节性。

- 相关产品的采购。

- 特殊折扣。

- 定制需求。

- 生产周期。

- 产品寿命。

- 产品质量。

- 品牌认知。

- 竞争对手的定价策略。

- 政府法规。

- 原材料价格变动。

- 必须通过产品定价反映的其他成本变化。

- 产品版本。

- 产品的销售地点和方式（折扣零售商还是精品店）。

不管产品的特性如何，卖方必须了解这些产品是如何相互作用的，以及产品定价会带来什么影响。如果产品定价过高，可能会获得利润，但整体销量的下降可能会使总收入和盈利能力受损。如果产品定价过低，利润率可能会受到影响，但整体销量的增加可能让总收入和盈利能力提高。特性之间也会相互影响。例如，一个顾客想要买名牌，那他就会期望这件商品的定价很高，这样才能限制购买的人数。如果人人都能买得起，一些顾客就会认为它算不上名牌，因此不会购买。所以，定价的艺术在于选择合适的定价方法，与产品销售所需的策略互补。

邮轮公司利用大数据优化价格 [①]

了解这些特性，我们或许会问，大数据是如何进一步完善定价过程以提高收益的呢？让我们看看嘉年华邮轮公司是如何做到这一点的。

嘉年华邮轮公司意图对客户群进行细分，以更好地了解其消费模式。公司的目标是了解：

- 如何吸引新客户。
- 如何重新定价以售出更多头等舱坐席。
- 客户在纪念品、短途旅行和附加服务方面的消费习惯。

为收集这些信息，嘉年华邮轮公司做了一个创举。公司决定雇

---

① Kim Nash, "Carnival Strategy Chief Bets That Big Data Will Optimize Prices," The CIO Report, *The Wall Street Journal*, April 30, 2015, http://blogs.wsj.com/cio/2015/04/30/carnival-strategy-chief-bets-that-big-data-will-optimize-prices/.

佣数据科学家，对以往客户和度假者的数据、经济趋势和社会趋势进行总体分析。其目标之一是在所有的 100 艘邮轮中——从廉价型到豪华型共 9 个品牌——提供最适合客户的那一艘。客户在服务和价格范围方面的差异可能会很大。

由于总盈利能力取决于整个邮轮，公司必须能够监测和调整战略，这些战略可能会对日常运营产生影响。价格可能不会经常变动，但每天的业绩可能会改变战略和促销方式。

邮轮业务的主要衡量指标是客户可用邮轮天数（即客户在船上的天数）。据首席执行官（CEO）说，一年内，所有船的可用天数为 8 000 万天。简单来说，如果每位客户在旅途中每天多花 1 美元，嘉年华邮轮公司将在一年内增收 8 000 万美元。

公司的数据科学团队夜以继日地分析客户行为、度假趋势、旅行社的问题和客户查询等数据。分析在一夜之间就完成了，并针对全球机票价格的变化提出了数千条建议。例如，根据预测需求，公司可以改变分配给不同港口的预订数量。此外，这一分析还可能导致船舶运力从一个国家转移到另一个国家。

嘉年华邮轮公司明白，分析并不意味着做出正确的决定，只不过是更明智的决定。除了分析，管理层仍依赖于他们个人的经验。

嘉年华邮轮公司的方法奏效了吗？就业绩来看，确实奏效了。公司在 2015 年第三季度公布的盈利打破了纪录，并计划在 2016 年添置新的邮轮。

小测验

4. 嘉年华邮轮公司强调，通过分析来左右定价能够：

a. 确保做出最佳决定。

b. 确定最高收费。

c. 确保做出更明智的决定。

d. 保证所有选择都经过评估。

预测工具

有许多工具可以用来预测未来的结果。例如，如果我们可以预测以下情况，能获得什么优势？

1. 客户介绍其他潜在客户的可能性。

2. 客户购买其他产品的可能性。

3. 员工介绍其他潜在员工的可能性。

4. 员工离职的可能性。

基本上，上述每一条都可以用已有的或很容易就能获得的数据进行评估。例如，我们可以通过客户调查评估第1条和第2条的可能性。可以通过员工调查，甚至是员工电子邮件的方式评估第3条和第4条。

首先，思考一下某个可以预测公司增收的工具。用于预测此信息的数据可能已经存在于公司系统中，或者可能以书面形式（调查形式）存在，或者可以通过其他类型的反馈（如客户跟进电话）确定。这个工具称为净推荐值（NSP）。

贝恩咨询公司（Bain Consulting）的弗雷德里克·雷切海尔德（Frederick Reichheld）于2003年开发了NSP。与传统的客户调查不同，NSP这一方法最初来源于租车公司客户调查中的两个问题。雷切海尔德的研究表明，一家公司的增长率与作为"推广员"的客户所占比率存在很强的相关性。

小测验

5. 谁发明了净推荐值？

a. 伦乔恩　　b. 雷切海尔德　c. 柯林斯　　　　d. 钱皮

企业预测分析工具 [①]

可以进行预测分析的工具有很多种。本节并不做任何推荐，仅提供一些主要的工具。

1. Sisense

2. Microsoft R Open

3. Microsoft Azure Machine Learning Studio

4. Oracle Crystal Ball

5. IBM SPSS Predictive Analytics Enterprise

6. Minitab

7. Wolfram Mathematica

8. SAS Advanced Analytics

9. Anaconda Enterprise

10. TIBCO Statistica

11. TIBCO Spotfire

12. RapidMiner Studio

[①] FinancesOnline, "20 Best Predictive Analysis Software of 2020," accessed March 18, 2020, https://financesonline.com/predictive-analysis/.

13. KNIME Analytics Platform

14. DataRobot

15. Dataiku DSS

16. FICO Predictive Analytics

17. GoodData

18. Buxton Analytics Platform

19. Funnel Science

20. Salford Systems SPM

访问大数据源的其他简单工具

AICPA（美国注册会计师协会）的"财务总监年度更新包"内包含一份名为 G17 的材料，这是一个支持工业生产统计（IPS）的极佳数据来源，由美联储每月公布一次。下图按年份列出了整个指数的实际月度生产统计数据。网址是 www.federalreserve.gov/RELEASES/g17/ipdisk/alltables.txt。

此信息可用于确定你所在行业和其他行业的业务周期，也可用于指导你制定管理策略。它还可以用来比较你所在公司的销售情况与行业趋势。如果公司的销售趋势和行业趋势一样，那么销售人员是非常普通的。如果公司的销售趋势好于整个行业，那么销售人员的水准在平均线以上；如果公司的销售趋势还不及整个行业，那说明销售人员的水准还没达到平均线。

那么，报业如何利用大数据快速识别其下行（且是持续下行）趋势呢？多年前，这些信息本应能说服管理团队重组、进行多元化改革或离开报业。接下来的分析使用报纸出版商的 IPS 数据。将其复制到 Excel 中，并生成一个图表，从整体来观察这个行业。

```
"IPS.GS1111"	2020
"GS1111: newspaper publishers
NAICS=51111"                                                                                                    66.6954   66.2204

"IPS.GS1111"	1972	228.9783	230.0667	232.7921	232.7459	231.6581	232.5109	234.1637	236.5727	238.9946	241.6576	240.9699	241.7157
"IPS.GS1111"	1973	241.5397	244.1525	244.9635	245.0555	244.0691	243.7013	243.5151	243.0262	244.4012	242.3241	239.1382	238.6125
"IPS.GS1111"	1974	241.1105	242.4308	241.4549	241.7135	242.3624	243.2753	243.8723	243.5543	244.6942	242.3998	239.9998	231.8626
"IPS.GS1111"	1975	227.0455	226.4841	227.7759	227.0963	227.4990	227.3920	226.1396	225.4543	224.5543	224.9998	224.6498	225.0011
"IPS.GS1111"	1976	226.2185	226.0469	228.6070	229.2494	228.5053	239.6026	230.3890	231.7197	232.7901	234.7222	236.0219	236.9831
"IPS.GS1111"	1977	234.6699	235.1432	234.9302	237.1403	238.5053	239.6026	240.3246	241.9377	241.9998	241.8280	242.6220	242.9001
"IPS.GS1111"	1978	242.6624	243.7114	245.3024	247.7401	248.3742	248.1826	245.5170	245.4267	247.8228	241.5655	245.1164	248.7419
"IPS.GS1111"	1979	248.4495	249.7205	251.6800	251.7959	250.9393	250.5672	252.7254	255.4267	255.9239	254.0161	253.9406	253.9406
"IPS.GS1111"	1980	253.7449	254.8782	253.3950	252.0589	252.0069	251.9611	254.3069	254.3069	256.9392	258.5865	259.1512	259.1512
"IPS.GS1111"	1981	259.4763	258.1240	258.9410	260.2900	262.0377	263.2979	263.3819	263.3819	261.7522	260.6564	260.8678	259.8231
"IPS.GS1111"	1982	260.2388	258.9426	258.6998	256.2665	255.4280	252.3321	250.9432	251.5773	251.6229	252.1383	254.4371	255.9954
"IPS.GS1111"	1983	256.2498	254.4325	254.2614	256.1279	257.7700	258.5825	256.9696	256.4928	258.6185	261.2894	262.8949	263.3305
"IPS.GS1111"	1984	263.2851	263.6961	263.1190	264.6650	265.2169	266.4816	266.8959	267.2058	264.1196	264.1196	262.4403	263.8453
"IPS.GS1111"	1985	262.5723	263.6961	262.8123	264.6749	265.2169	266.5825	266.8959	267.2782	268.1410	268.4716	269.6397	273.9579
"IPS.GS1111"	1986	275.0668	275.1006	275.8123	276.5253	277.3088	277.7362	278.2772	278.2900	279.3101	277.3554	274.4431	273.0536
"IPS.GS1111"	1987	273.5791	273.7160	275.6340	276.0991	268.1556	268.3128	278.6805	279.6371	279.1820	278.7628	277.8069	275.8348
"IPS.GS1111"	1988	274.1319	273.5681	271.0991	269.0068	268.0654	268.4953	268.3128	269.6769	269.7327	270.1242	270.1242	269.2605
"IPS.GS1111"	1989	269.9283	270.6173	271.2777	269.3353	267.0654	264.4953	264.4176	264.4176	265.7327	263.4193	263.4193	269.3741
"IPS.GS1111"	1990	261.9779	265.0267	262.7740	263.6599	261.4971	260.4719	257.2178	253.6503	249.8680	246.6036	245.8599	246.8226
"IPS.GS1111"	1991	244.3123	241.1822	236.3747	236.0181	234.1181	234.8778	235.4806	235.9188	233.1125	228.2205	225.5574	225.5574
"IPS.GS1111"	1992	221.5020	219.8791	220.9580	220.3617	220.7470	219.6213	218.4067	217.1063	214.6090	212.5974	212.9659	211.2420
"IPS.GS1111"	1993	215.7026	219.9108	217.2584	211.1782	215.1888	214.1978	212.6978	211.9133	210.8216	212.5946	213.2674	214.3545
"IPS.GS1111"	1994	216.1462	216.6908	215.9734	213.5016	215.7587	212.4568	211.3930	211.3861	212.0118	216.3933	218.2636	218.4910
"IPS.GS1111"	1995	217.0212	214.4651	212.6807	211.6436	211.9469	212.1857	212.0351	211.2843	210.2843	207.9982	207.9982	205.5568
"IPS.GS1111"	1996	202.0873	199.7484	200.6983	204.1461	208.7004	206.9134	207.9346	207.5039	206.5640	205.9859	205.9590	205.9590
"IPS.GS1111"	1997	205.1449	188.2510	208.5072	209.2788	208.9038	206.0970	207.9206	209.4142	212.1376	213.5716	212.5863	212.9758
"IPS.GS1111"	1998	214.0802	217.9083	220.6544	222.2382	224.2110	224.0146	223.5978	223.4325	224.5697	225.4369	225.4369	226.0578
"IPS.GS1111"	1999	228.6559	221.9958	229.6769	228.6706	227.5662	227.4039	226.8873	226.8955	227.0846	229.1037	233.7844	233.9829
"IPS.GS1111"	2000	233.5579	234.3263	233.6653	233.8099	231.2209	228.8536	227.4140	225.9817	223.0036	220.0293	222.1474	218.8499
"IPS.GS1111"	2001	213.7045	204.6215	200.7731	199.3528	198.5091	198.3035	198.6185	198.7333	199.4395	198.3506	196.3299	194.9268
"IPS.GS1111"	2002	194.0721	193.4682	192.8115	193.7096	196.6134	195.3699	195.4913	194.5148	193.3871	194.3871	193.9827	193.9119
"IPS.GS1111"	2003	194.4938	195.2554	194.8662	194.4855	193.0090	192.0389	190.3931	190.3931	189.8359	188.4352	188.7681	188.5341
"IPS.GS1111"	2004	188.2263	188.9561	189.8215	189.8116	190.8584	190.7175	191.3241	191.0461	189.6364	188.4499	186.9801	188.5341
"IPS.GS1111"	2005	188.0975	187.3682	189.8215	189.1968	183.1405	189.1737	190.9081	188.4617	188.4099	186.9801	177.8332	187.4260
"IPS.GS1111"	2006	187.0586	187.3682	188.0051	172.1744	171.3819	170.2769	168.8770	167.7682	167.3578	166.8003	164.8911	185.7138
"IPS.GS1111"	2007	176.6530	172.1673	172.9058	171.6858	156.1192	152.7467	150.1119	148.1721	146.5524	143.6795	140.5624	177.3631
"IPS.GS1111"	2008	162.9494	162.1166	159.0761	159.0761	120.8420	121.8314	119.6882	119.2672	116.7556	118.1167	118.5099	164.9646
"IPS.GS1111"	2009	134.2358	129.3325	123.6885	120.8420	115.4094	115.2192	114.0700	114.0700	111.1381	110.9945	110.9142	138.0692
"IPS.GS1111"	2010	117.4928	115.4595	115.2990	106.7471	107.1057	108.5858	108.6117	108.6117	105.7820	105.1093	110.6293	118.4702
"IPS.GS1111"	2011	110.2216	108.5862	108.5872	102.7400	100.2738	98.4267	100.6340	100.1891	99.7906	96.3853	102.5002	110.6293
"IPS.GS1111"	2012	104.2328	104.6919	104.1675	102.7400	93.6806	93.6806	91.5364	100.0651	97.7906	96.3853	94.4331	103.8431
"IPS.GS1111"	2013	96.1415	93.9910	91.7620	89.3660	93.9263	84.7427	91.5364	91.0144	89.8221	88.2304	94.3201	95.7029
"IPS.GS1111"	2014	93.5300	94.3854	94.3662	79.6449	87.8280	84.7427	82.1599	83.0120	83.0120	84.0354	86.8976	93.7981
"IPS.GS1111"	2015	86.3809	87.5532	80.4356	80.3255	78.3880	78.3825	82.6030	82.0000	81.7012	84.0354	84.7928	85.9387
"IPS.GS1111"	2016	82.4919	81.3579	80.1557	80.8031	67.4914	65.4037	78.7399	78.7659	78.2809	79.6811	80.2938	83.7210
"IPS.GS1111"	2017	81.6937	81.9370	70.0157	68.5759	67.4914	65.4037	82.2604	81.7012	81.7012	76.8762	79.9213	81.1145
"IPS.GS1111"	2018	72.6148	71.5979	70.0157	68.5759	56.2666	58.3982	63.7636	63.7868	62.2756	62.2997	61.4904	73.7038
"IPS.GS1111"	2019	60.4597	58.0429	56.9612	56.2666	56.9782	58.3982	58.2926	58.0107	56.7005	56.2316	61.2997	60.8102
"IPS.GS1111"	2020	55.5264	55.6492
```

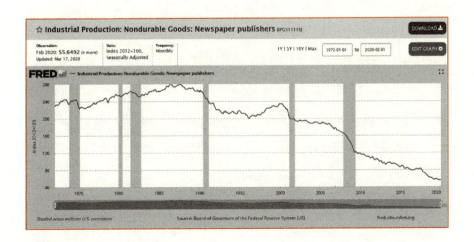

资料来源：Board of Governors of the Federal Reserve System (US)/FRED.

请注意 1986—1987 年间的峰值。这个时间段内个人电脑越来越流行。用户在线获取新闻信息的趋势刚刚出现。

我们如何利用这些信息来了解商业周期和销售收入的趋势？用 Excel 生成 3 个月和 12 个月的数据平均值。

	C	D	E	F	G	H
1	IPG51111S					
2	lin	Index 2012=100				
3	M	Monthly				
4	01/01/1972	1972-01-01 to 2020-02-01				
5	Industrial Production: Nondurable Goods: Newspaper publishers					
6	Board of Governors of the Federal Reserve System (US)					
7	date	value	3 MO AVG	12 MO AVG	3MO/TTM	12MO/TTM

	C	D	E	F	G	H
557	10/01/2017	76.9	79.1	80.8	1.001854872	1.004790903
558	11/01/2017	73.9	76.5	80.2	0.962776562	1.002862162
559	12/01/2017	73.7	74.8	79.6	0.931195233	0.997852914
560	01/01/2018	72.6	73.4	78.9	0.905994027	0.989217143
561	02/01/2018	71.6	72.6	78.0	0.89041748	0.977819033
562	03/01/2018	70.0	71.4	77.0	0.873475392	0.964465334
563	04/01/2018	68.6	70.1	76.1	0.861779915	0.951532054
564	05/01/2018	67.5	68.7	75.0	0.8488897	0.935299751
565	06/01/2018	65.4	67.2	73.5	0.827773646	0.91408466
566	07/01/2018	63.8	65.6	72.0	0.8022187	0.892028404
567	08/01/2018	61.8	63.7	70.4	0.776104935	0.868841777
568	09/01/2018	62.3	62.6	69.0	0.774953088	0.851783802
569	10/01/2018	61.3	61.8	67.7	0.78156784	0.838178854
570	11/01/2018	61.5	61.7	66.7	0.806783381	0.830816332
571	12/01/2018	60.8	61.2	65.6	0.817813973	0.823766074
572	01/01/2019	60.5	60.9	64.6	0.829823751	0.818816591
573	02/01/2019	58.8	60.0	63.5	0.826522085	0.814234693
574	03/01/2019	57.0	58.8	62.4	0.822784467	0.810351118
575	04/01/2019	56.3	57.4	61.4	0.818645556	0.80729658
576	05/01/2019	57.0	56.7	60.5	0.825909949	0.807555956
577	06/01/2019	58.4	57.2	59.9	0.851948916	0.815042294
578	07/01/2019	58.3	57.9	59.5	0.883098485	0.825985406
579	08/01/2019	58.0	58.2	59.2	0.9148874	0.840994636
580	09/01/2019	56.7	57.7	58.7	0.921085473	0.850831139
581	10/01/2019	56.2	57.0	58.3	0.922210096	0.860905444
582	11/01/2019	55.7	56.2	57.8	0.911241791	0.867053957
583	12/01/2019	55.5	55.8	57.4	0.911707116	0.874447753
584	01/01/2020	55.5	55.5	56.9	0.912038884	0.881797322
585	02/01/2020	55.6	55.5	56.7	0.925121368	0.892363394

　　绘制出 IPS 图，3 个月和 12 个月的数据平均值如下图所示。请注意在持续下降阶段，其他值几乎总是低于 12 个月的数据平均值。自 21 世纪初以来，报业持续衰落。

　　绘制平均市盈率图。明显能看出数值低于 1.0 的部分，只要低于 1.0，整个行业就在衰退，这时一个谨慎的管理团队应该采取应对衰退的措施。而当数据攀升至 1.0 以上时，行业又在复苏，管理团队则应考虑扩张。遗憾的是，通过计算以及回顾前面的图表，我们清楚地发现，报业一直在下滑。

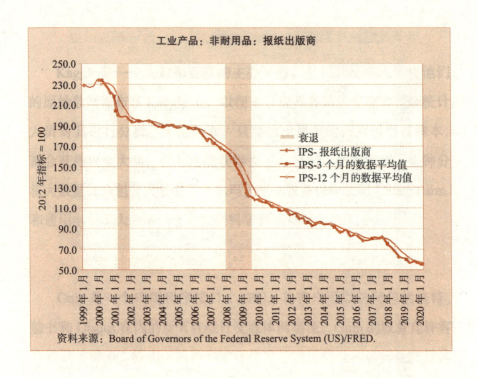

工业产品：非耐用品：报纸出版商

资料来源：Board of Governors of the Federal Reserve System (US)/FRED.

小测验

6. IPS 数据从何而来？

a. 美国人口普查局

b. 劳工和统计局

c. 美联储

d. 美国小企业管理局

7. 报纸出版商的行业代码是多少？

a. 51111 号   b. 50001 号

c. 54111 号   d. 44111 号

工业产品：非耐用品：报纸出版商

衰退
IPS-12 个月的数据平均值
IPS-3 个月的数据平均值

资料来源：Board of Governors of the Federal Reserve System (US)/FRED.

人口普查数据

还有哪些大数据源可供组织机构使用？

美国人口普查局（U.S. Census）对 1992 年以来的每月零售额进行了估测。可通过网址 www.census.gov/retail/index.html 获取。

以下是美国人口普查局提供的数据示例。该电子表格包含的月度数据可追溯至 1992 年，并将该行业与北美产业分类系统代码关联起来。可以将此数据与前面示例中的 IPS 数据相联系。

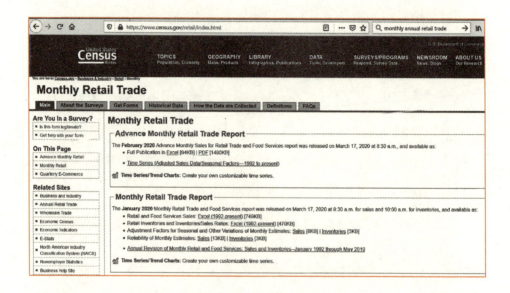

数据库工具

如果不能使用好的预测软件，那么你的数据或分析将受限。要想更多了解电子表格分析，可以购买 Crystal Ball（www.oracle.com/technetwork/middleware/crystalball/overview/index.html）或 @RISK（www.palisade.com/risk/），这是用以执行蒙特卡洛模拟分析的 Excel 插件。此外，Domo（www.domo.com）是一个新的商业管理平台，它融合了所有商业平台，将商业智能、预测分析和大数据结合起来。

第一个插件 @RISK（发音为"at risk"）使用蒙特卡洛模拟进行风险分析，呈现电子表格模型中的多种可能结果，并显示发生的概率。它会计算并追踪不同的未来场景，然后确定与每个场景相关的概率和风险。这意味着用户可以判断哪些风险需要承担，哪些风险需要规避，从而在不确定的情况下做出最佳决策。

@RISK 还通过整合 RISKOptimizer 帮助制定最佳风险管理策略，结合蒙特卡洛模拟与最新的解决技术，进一步优化具有不确定值的电子表格。使用遗传算法 [1] 或 OptQuest，再加上 @RISK 的功能，RISKOptimizer 可以确定最佳资源配置、最佳资产配置、最有效的调

---

[1]　Note: A genetic algorithm (GA) is a method for solving both constrained and unconstrained optimization problems based on a natural selection process that mimics biological evolution. The algorithm repeatedly modifies a population of individual solutions. At each step, the genetic algorithm randomly selects individuals from the current population and uses them as parents to produce the children for the next generation. Over successive generations, the population "evolves" toward an optimal solution. https://www.mathworks.com/discovery/genetic-algorithm.html.

度等。[1]

水晶球软件（Oracle Crystal Ball）是基于电子表格的领先应用程序，用于预测性建模、预测、模拟和优化。它对影响风险的关键因素有无可匹敌的洞察力。使用水晶球，即使在市场条件极不确定的情况下，用户也可以做出正确的战略决策，从而实现目标并获得竞争优势。[2]

根据Domo官网介绍，"要做好这项工作，用户需要在正确的时间获得正确的信息。遗憾的是，这些信息被埋在一堆不断膨胀、杂乱无章的电子表格、系统、数据库和应用程序之中"。[3]

Domo将某项业务及其数据整合在一个直观的平台中，从而解决了这个问题。通过Domo，用户可以创建仪表盘，将所有信息放在一个区域，并利用它们更快做出更明智的决定。

小测验

8.月度零售统计数据可从_____获得。

a. 美国人口普查局　　　　　b. 劳工和统计局

c. 美联储　　　　　　　　　d. 美国小企业管理局

---

[1] "@Risk," Statistics.com, accessed March 30, 2017, www.statistics.com/software-directory/risk-spreadsheet-add-in/.

[2] "Oracle Crystal Ball," accessed March 30, 2017, www.oracle.com/technetwork/middleware/crystalball/overview/index.html.

[3] "Domo platform," accessed March 30, 2017, https://www.domo.com/company/what-is-domo.

大数据可视化

什么是大数据可视化？根据 SAS 的说法[①]：

> 数据可视化是用图画或图形呈现数据。几个世纪以来，人们依靠图表和地图等视觉方式，让信息变得更容易，更快被理解。
>
> 随着越来越多的数据被收集和分析，各级决策者乐于使用数据可视化软件，从而直观地看到所呈现的分析结果，在数百万个变量之间发现相关性，将概念和假设传达给他人，甚至预测未来。
>
> 考虑到人脑处理信息的方式，当许多数据以图表而非成堆的电子表格或一页又一页的报告呈现时，人们更容易理解它们的含义。

文本分析[②]

文本分析是从文本中获取高质量信息的过程。洞见来自对模式和趋势的理解，而这种理解是通过统计模式学习实现的。文本挖掘需要将输入文本结构化，识别结构化数据中的模式，最后解释输出。文本挖掘包括文本分类、文本集群、概念或实体提取、颗粒分类生

① "Data Visualization: What It Is and Why It Matters," SAS, www.sas.com/en_us/insights/big-data/data-visualization.html.

② Rao, Venky, "An Introduction to Text Analytics," accessed March 21, 2016, Data Science Central, www.datasciencecentral.com/.

成、情感分析、文档摘要和实体关系建模（即命名实体之间的学习关系）。文本挖掘的目的是利用自然语言处理和分析方法将文本转化为数据。其中一个例子是为了实现预测性分类，扫描一组用自然语言编写的文档，或用提取的信息填充数据库。

- 命名实体提取：帮助回答"谁""什么""哪里"的问题。
- 文档摘要：计算机程序创建的文本的缩略版。
- 主题提取：回答"有哪些重要词汇？"
- 概念提取：回答"什么是重要的高级概念？"
- 情感分析：回答"所说的是'积极的'还是'消极的'？"

练习

1. 列出一些定价的决定因素。

2. 描述从百思买公司获得的大数据。

3. 列出几个可以和你所在组织机构进行比较的大数据源。

4. 描述什么是文本分析。

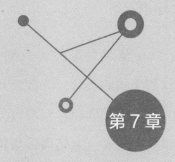

第 7 章

大数据实例

| 学习目标 |

- 了解公司目前大数据的使用情况。
- 学习将本章的大数据实例应用于其他组织机构中。

❏ 导语

2018 年最显著的大数据趋势是大数据不再是趋势，它已成为任何组织的要素。许多公司将大数据进一步推广到它们的实践中。在人工智能和自然语言处理的帮助下聊天机器人取代了人工通讯员。随着企业转向多渠道数字化，IBM 继续在数字体验平台中崛起，Gartner 公司最近将其评定为最具执行力与大局观的行业领导者。[①]

企业一直在增加 IT 部门的预算。根据 2020 年 IT 状况报告，有 44% 的企业计划增加 2020 年的 IT 预算。此外，有 47% 的企业希望雇用更多的 IT 专业人员。[②]

当今的重点是继续将大数据微调为更易于管理的信息，例如"快速数据"和"可执行数据"，以减少由大量数据产生的无用信息。将无用数据转变为可用数据是 2018 年的一大亮点，包括使用算法和人工智能协助筛选非结构化信息。[③]

[①] Jim Murphy, Gene Phifer, Gavin Tay, and Mike Lowndes. "Magic Quadrant for Digital Experience Platforms," January 17, 2018. https://www.gartner.com/en/documents/3846170/magic-quadrant-for-digital-experience-platforms0, accessed April 16, 2020.

[②] "2020 State of IT: Trends, Budgets & Purchase Drivers," 20https://www.spiceworks.com/marketing/state-of-it/report/. Accessed April 16, 2020.

[③] Tony Shan, "Big Data Is Really Dead," April 5, 2015, www.smartdatacollective.com/tonyshan/309691/big-data-really-dead.

本章举例阐述了企业如何创建和使用大数据，主要目标是（通过提供的示例）了解组织机构可以访问或可以获取的各类数据，这些数据可以增进对其业务的深入了解。阅读每个示例，读者都应该思考将其应用于自己所在组织机构的可能性。

这么做的目的不是打败其他人，而是通过对大量例子的回顾，深化读者对大数据众多应用的认识，并引发思考——如何将大数据应用于自己的公司。

大数据应用实例

达美乐披萨饼 [①]

达美乐公司信息管理框架从手机短信、推特、Pebble、安卓和Amazon Echo 等获取数据并导入其系统中。此外，它还与第三方的数据（USPS、地理编码信息、人口统计数据和竞争对手数据）相结合，建立客户分类信息（每天录入 85 000 个结构化和非结构化数据源）。

达美乐公司的订单 55% ～ 58% 是网上订单。其余均为电话或到店下单。

达美乐公司可以评估个人购买模式，同一家庭中的多个消费者或主要顾客对优惠券的依赖程度以及光顾达美乐的渠道。这

---

① Marr, Bernard. " Dominos: Data-Driven Decision Making at the World's Largest Pizza Delivery Chain. " Bernard Marr. Accessed March 19, 2020. https://www.bernardmarr.com/default. asp?contentID=1264.

样，达美乐公司就可以根据客户的个人资料定制优惠券和产品报价。

罪犯和族谱

执法机构面临许多悬而未决的案件。遗憾的是，其中一些案件几十年来一直没有解决。然而在最近几年中，族谱数据库成为一种新的打击犯罪的工具。族谱数据库从来没有被设计为寻找罪犯的资料，但数据库已然存在。首先，数据库本身并不应该为人所知，因为隐私和道德对它的使用非常重要。在某些情况下，警方会在数据库中载入在某次犯罪中发现的不明 DNA 信息，从中找到联系。这不是针对罪犯本身，而是针对罪犯的亲属。然后，执法机构会在家谱中追踪信息，并确定犯罪时是否有人在该地区。现有个案是"金州杀手案"，此案原定于 2020 年初进行审判。

曲棍球和大数据 ①

2019—2020 曲棍球赛季使用了自动化数据跟踪技术。曲棍球和球员的肩垫被嵌入追踪芯片。传感器放置在冰球场的周围。这样能够时刻收集位置、速度、方向、距离和其他关键指标的大数据。

传感器芯片将为每个团队的五个滑冰者和一个守门员每秒提

---

① Chen, Michael. "How Hockey Is Embracing Big Data and Analytics." Oracle Big Data Blog. Accessed March 19, 2020. https://blogs.oracle.com/bigdata/how-hockey-is-embracing-big-data-and-analytics.

供 200 次数据点。对于 60 分钟的赛事，将为每个类别创建大约
9 360 000 个记录事项的数据。

约翰·迪尔

约翰·迪尔公司（John Deere）是大数据行业的先驱之一。它在
物联网框架内开发了一个系统，该系统可使农民机器中的数据与设
备专家进行互动，以预测机器何时会发生故障。然后，公司会把必
要的维修零件发送给用户，从而最大限度地减少机器的停机时间，
用户在无延时的情况下能得到正确的零件。在全球粮食增长预测方
面，公司还致力于将农民的田间读数与天气和其他信息联系起来，
以最大限度地提高作物产量，改善资源分配。[①]关于农民的隐私，公
司允许农民进行选择，如果农民不想让第三方访问其数据，则不会
保留其信息。

罗伊斯顿柴油动力公司

罗伊斯顿柴油动力公司（Royston Diesel Power）是航运业发
动机燃料管理系统的开发商，它利用大数据来提高航运业的效
率。实时传感器数据可用于在异地连续监视船舶系统。附加传感
器使规划航行路线变得容易，这些路线将考虑船舶性能、气象数
据和其他因素。这种全面的船舶导航方法可提高准时性和资源使

---

① "John Deere Is Revolutionizing Farming With Big Data," Datafloq, accessed March 20,
2018, https://datafloq.com/read/john-deere-revolutionizing-farming-big-data/511.

用效率。港口当局还可以检查船舶数据，以监视港口的潜在拥堵状况并改善货物转运。在大数据方面，运营管理和能源管理变得越来越普遍，随着预测性维护和性能优化，这些指标将继续增加。[①]

911 呼叫中心

美国紧急响应呼叫中心开始将信息存储在云上，并将精力集中于如何记录多媒体通信。一次 911 呼叫沟通所产生的数据是海量的，因为首先要给 911 打电话或发短信，然后呼叫中心创建记录，接着向警察或紧急响应小组调度信息，随后的数据也会被记录。一家名为 NICE 的公司可以将短信以及短信流中的元数据（呼叫着、位置、日期和时间等）添加到 911 记录中，并允许代理机构使用附加平台 AGENT511 记录这些数据。将所有信息都放在一个可访问的地方，可以使质量保证评估时间减半并缩短紧急响应时间。[②]

美国国防部

为了使现有技术不会过时，美国国防部更新系统、增强功能，花费了创纪录的 74 亿美元。根据国防部前副部长罗伯特·沃克

[①] "Maritime Journal | Big Data in the Marine Sector," accessed March 20, 2018, http://www.maritimejournal.com/news101/onboard-systems/monitoring-and-control/big-data-in-the-marine-sector.

[②] iHLS News Desk, "911 Call Centers Shift to Cloud Computing," *IHLS* (blog), March 20, 2018, https://i-hls.com/archives/82081.

（Robert Work）的说法，"美军既可以领导即将到来的革命，也可以成为革命的受害者"。[①] 他还说："人工智能的飞速进步，以及它们将大大改善的自治系统和操作，正指向涉及人机协作和作战团队的新型战斗应用程序。"74 亿美元比 2012 年的支出增加了 32%，其中对人工智能的支出最多。

苏格兰皇家银行

苏格兰皇家银行（Royal Bank of Scotland）通过文本分析去使用自然语言处理。自然语言处理是将口头单词转换为计算机可执行的活动。该银行采用了由客户投诉创建的所有数据，然后分析电子邮件、调查回复和记录的客户电话，以了解客户投诉的原因。然后，他们利用这些信息调整并改变未来的客户体验。[②]

美国尊享医疗公司

加利福尼亚州最大的医院提供商美国尊享医疗公司（Dignity Health）使用大数据扫描患者，以发现难以察觉的致命疾病。例如，败血症是导致死亡的主要原因之一，也是病人再次入院的主要原因。败血症的症状通常与其他疾病没有区别，例如发烧，常见于败血症的初期症状。为了减少错误并最大限度地缩短患者从败血症发作到

[①]　Amber Corrin, " DoD Spent $7.4 Billion on Big Data, AI and the Cloud Last Year. Is That Enough? " C4ISRNET, December 6, 2017, https://www.c4isrnet.com/it-networks/2017/12/06/dods-leaning-in-on-artificial-intelligence-will-it-be-enough/.

[②]　" What Is Natural Language Processing? " accessed March 21, 2018, https://www.sas.com/en_us/insights/analytics/what-is-natural-language-processing-nlp.html.

得到治疗的时间，美国尊享医疗公司使用脓毒症生物监测程序，该程序监视所有患者的生命体征以及可能指向败血症的关键标志物。如果程序注意到一定量的警告信号存在，系统会通过患者的病历向护士发出警报。然后，护士将病人转移到重症监护病房，并采取措施缓解病情。该系统能够将美国尊享医疗公司中的败血症死亡率降低 5%，并节省大量成本，因为对患者采取了早期行动，从而花在重症监护上的时间减少了。[①]

优步

优步公司（Uber）通过大数据知晓客户的一举一动，包括他们的住址、吃饭的地点、工作地、旅行地，以及活动的时间安排。优步公司与喜达屋集团（Starwood Preferred Guest，一家精英俱乐部）展开合作，只要用户使用优步就能赢取积分。前提是用户必须允许优步公司和喜达屋集团在适当情况下使用自己的数据。[②]

下图写着："单击'允许'，即表示您同意喜达屋获得以下信息：您的全名、电子邮件、照片和促销码。您在优步上的所有活动，包括所有的接送地点和时间、费用、旅行距离以及使用的优步产品。喜达屋将根据其隐私政策使用此信息。"

[①] "Using Analytics to Prevent Deadly Infections," accessed March 21, 2018, https://www.sas.com/en_us/insights/articles/analytics/using-analytics-to-prevent-sepsis.html.

[②] Ron Hirson, "Uber: The Big Data Company," *Forbes*, March 23, 2015, https://www.forbes.com/sites/ronhirson/2015/03/23/uber-the-big-data-company/#bde68b018c7f.

Halo Top

当大多数品牌还在苦苦保持市场份额时，这家轻食冰激凌品牌正以席卷之势占领冷冻食品行业。它完全无视传统的营销方式，而是利用脸书、推特、照片墙提供的大数据投放特定广告，并密切监测这些数字广告的投资回报率。[①]

美国艺电

地球上有超过 20 亿的电子游戏玩家，这个价值 200 亿美元的产业在许多领域处于领先地位。作为最大的市场占有者之一，美国艺电（Electronic Arts）利用大数据确保客户在整个游戏体验中的

[①] Jessica Wohl, "How Halo Top Is Conquering the Ice Cream Biz—Without Ads," *AdAge*, March 6, 2017, http://adage.com/article/print-edition/halo-top-conquering-ice-cream-biz-ads/308177/.

参与度。例如，游戏一开始太难，或后期太简单，都会导致玩家放弃，这样的游戏也就很难成功。美国艺电关注玩家在游戏哪个阶段放弃，看看是否有瓶颈导致玩家退出，并利用这些信息制作新游戏。[1]

美国职业橄榄球大联盟

出于各种目的，美国职业橄榄球大联盟（NFL）正用大数据追踪场上球员——特别是自由球员。在球员两个肩垫中各放一个传感器，在球场安装一个类似于 GPS 的精密跟踪系统，NFL 就可以追踪球员的行动路线了。一些总经理将此视为一种评估自由球员的方式——判断一个老球员的身体状况，比如伤病、里程、加速、减速等。[2]

福特

福特公司正在利用大数据延长其对产品的监控链。如今，车辆出厂并不意味着全部周期的结束，福特公司可以监控汽车在经销商那里进行了哪些维修或更换，从而发现哪些部件最容易发生故障。福特公司也可以利用这些信息重新设计出更耐用的零件，弥补缺陷。[3]

---

[1] "The Gaming Industry Turns to Big Data to Improve the Gaming Experience," accessed March 30, 2017, https://datafloq.com/read/gaming-industry-turns-big-data-improve-gaming-expe/137.

[2] Joe Lindsey, "The NFL Is Finally Tapping Into the Power of Data," *Wired*, January 13, 2016, https://www.wired.com/2016/01/the-nfls-impending-data-revolution/.

[3] Joan Muller, "How Ford Is Using Big Data to Change the Way We Use Our Cars," *Forbes*, October 22, 2015, https://www.forbes.com/sites/joannmuller/2015/10/22/how-ford-is-using-big-data-to-change-the-way-we-use-our-cars/#557df6d83d2d.

喜力啤酒

喜力啤酒公司（Heineken）利用大数据跟踪销售情况，将其与天气预报相对应，以发现在不同季节、不同天气下，产品在哪些地方卖得最好，因此喜力啤酒总是在恰当的时间出现在恰当的地方。它还测试了一个名为 Shopperception 的程序，该程序基于 Xbox Kinect 传感器，可以查看客户何时购买啤酒以及他们在货架前的行为，还可获取实时购买信息。如此一来喜力啤酒公司便可了解啤酒的购买情况，它们是在商店的哪个位置以及什么时候被购买的。[①]

玛丽斯特学院

玛丽斯特学院（Marist College）开发了一个分析模型，可以根据前两周的课程学习预测哪些学生会通过考试，哪些不会通过，准确率高达 75%。玛丽斯特学院利用这种模式来提高毕业率。尽管该模式引发了许多道德质疑，但迄今为止，它被用于积极的方面。[②]

塔可钟

塔可钟公司（Taco Bell）使用大数据同步客户体验。塔可钟公司有一个被戏称为"鱼缸"的部门，负责在脸书、照片墙、推特等网

---

① "How Heineken Interacts with Customers Using Big Data," accessed March 30, 2017, https://datafloq.com/read/how-heineken-interacts-with-customers-using-big-da/384.

② Caroline Simon, "Colleges can now figure out which students will be successful — even before classes start," *Business Insider*, June 28, 2016, www.businessinsider.com/how-colleges-use-big-data-2016-6.

站上浏览和收集有关公司的所有信息。公司的所有高管每天早上都要用15分钟的时间听取"鱼缸"部门的汇报，实时了解公司的经营状况。例如，塔可钟公司刚推出早餐供应时，东海岸的门店对需求量估算错误，导致顾客排了很长的队，这事传遍了社交媒体。之后中西部和西海岸的门店在开业时就解决了这个问题，顾客无须排队即可点单。①

传感器——消费者健康与安全

内置或连接在设备上的传感器的出现正改变我们的活动体验方式，从运动到健康检测。例如，Fitbit是一种戴在手腕上的跟踪器，可以记录步数、距离、卡路里消耗量和活动时长。Fitbit可无线连接至佩戴者的计算机系统。

在拉斯韦加斯举行的国际消费类电子产品展览会上，制造商展示了能够改善个人体态的芯片和运动设备（包括篮球、高尔夫球杆和网球）中的传感器，帮助人们进行更智能化的训练。甚至还有一个用来处理日常却重要的事情的传感器，如寻找丢失的钥匙。

这项技术的另一个应用是特殊地毯，这种地毯内置传感器，通过识别正常的行走模式，可以让老年人长时间独立生活。地毯会注意到一个人步态的改变，这种改变预示着此人可能要摔倒。摔倒是

---

① Venga, "Restaurant Operators Make Big Data Small," May 14, 2015, https://www.getvenga.com/blog/2015/05/14/2016523restaurant-operators-make-big-data-small.

老年人从家里搬到老年公寓的主要原因之一，而且摔倒导致的髋部骨折可能会让人丧命。健康设备也被用于识别发生地震等自然灾害的区域。健康手环公司 Jawbone 的报告显示，地震发生后，在靠近震中的地区——Napa，Sonoma 和 Vallejo——用户都会突然醒来。在更远的地区，像 Modesto 和 Santa Cruz，受到干扰的用户更少。这有力地证明了大数据可以帮助人们——无论是紧急救援人员还是政府——衡量灾害带来的影响。[①]

| 小测验 |

1. 下列哪项属于传感器？

a. 告知主人宠物想进来的传感器。

b. 用于通知收到新邮件的传感器。

c. 寻找钥匙的传感器。

d. 探测门口访客的传感器。

电话服务中心——不悦的客户

联合医疗服务公司（United Healthcare Services Inc.）通过考察电话服务中心数据中的客户讲话方式，来识别不满情绪。通过关注客

---

① Caitlin Dewey, "What Personal Fitness Trackers Like Jawbone Tell Us About Earthquakes, Public Health — and Just About Anything Else," *The Washington Post*, August 25, 2014, www.washingtonpost.com/news/the-intersect/wp/2014/08/25/what-personal-fitness-trackers-like-jawbone-tell-us-about-earthquakes-public-health-and-just-about-anything-else/.

户讲话的方式，该公司可以确定导致客户流失的原因。[①]

语音分析系统可以分析声音、谈话或沉默时的语气和情绪，以衡量情绪和满意度，并将自定义短语的检测与特定的代理行为联系起来——简而言之，就是识别并优先考虑需要修复的内容，促成解决方案的形成。[②]

机器传感器——通用电气

还有一个大数据使用案例来自通用电气公司（GE）。通用电气在所有东西中——只要是会"转"的——放入装置，用以发现哪些机器需要维护，哪些流程可以缩短，哪些机器磨损得更快。由于通用电气有近半的收入都来源于对这些机器的维护服务，因此利用这些数据，它在服务业务中获得了巨大优势。这也让一个燃气轮机的传感器一天内产生的信息比推特上一周产生的信息还要多。[③]

天气和航班信息——住宿链

天气不好时，人们出行较少，在外过夜的次数也就相应减少。然而，一些连锁店却能很好地利用恶劣天气。红屋顶酒店（Red

---

① Nicole Laskowski, "Analytics 3.0 — The Old Guard Masters How to Build Data Products," *TechTarget*, accessed March 30, 2017, searchcio.techtarget.com/opinion/Analytics-30-the-old-guard-masters-how-to-build-data-products.

② Karen Schwartz, " How to Use Speech Analytics in the Call Center," *CRMSearch*, accessed March 30, 2017, www.crmsearch.com/call-center-speech-analytics.php.

③ Laskowski.

Roof Inn）将恶劣天气、航班取消和滞留旅客联系起来。当航班因天气恶劣而取消时，乘客变成潜在的、绝望的顾客。红屋顶酒店通过为旅客提供现有航班和天气信息增加了预订量。该公司建立了一个算法，依据酒店和航站楼的区域进行分类。该算法可锁定有酒店交易信息的旅客。结合旅客会通过手机搜索酒店的常识，红屋顶酒店利用多个手机移动平台锁定搜索酒店住宿的旅客，尽可能让他们轻轻松松就能预订酒店。

想想大数据的力量。请注意，每天有 1%～3% 的航班会被取消，也就是 150～500 个航班（换句话说，会有 25 000～90 000 名滞留乘客）。通过利用大数据锁定这些乘客，2013—2014 年间，红屋顶酒店的业务增长了 10%。[①]

小测验

2. 每天（平均）有多少航班被取消？

a. 1%～3%　　　　　b. 2%～4%

c. 3%～5%　　　　　d. 4%～6%

天气信息和停电——披萨饼连锁店

披萨饼连锁店也利用天气锁定潜在客户。一家披萨饼连锁店根

① Chuck Schaeffer, "5 Retail Big Data Examples," *CRMSearch*, accessed March 30, 2017, www.crmsearch.com/retail-big-data.php.

据天气恶劣程度和停电情况提供优惠券。该公司明白，停电时人们无法做饭，因此通过移动广告活动吸引这些人购买披萨饼。针对性营销活动的回应率为20%，要高于全国平均水平。[①]

田野传感器——约翰·迪尔公司

农业综合企业先驱约翰·迪尔公司通过大数据在该行业掀起波澜。公司的田野连接系统会显示湿度，并通过无线连接将信息发送给农民。自然传感器还会测量"空气和土壤温度、风速、湿度、太阳照射强度、辐射情况、降水率和树叶湿度"。

这些信息帮助农民了解何时接近理想湿度。有了这些数据，牧场主就可以选定灌溉系统。模式信息同样可以显示季节对湿度的影响程度。[②]

社交网络——百代唱片

百代唱片公司（EMI）利用大数据预测未来的音乐趋势。公司非常关注顾客对新发行唱片的消费情况。例如，公司会关注音乐在社交媒体网络上的分享情况，以及在流媒体上的播放情况。然后，公司会分析这些数据，并按位置、人口统计特征和亚文化进行细分，帮助发行商精准地投放广告、预测产品需求。这一模式适用于其他零售商，它们也可以从社交网络中收集信息，以了解新的或现有市

---

① Chuck Schaeffer, "5 Retail Big Data Examples," *CRMSearch*, accessed March 30, 2017, www.crmsearch.com/retail-big-data.php.

② Conner Forrest, "Ten Examples of IoT and Big Data Working Well Together," *ZDNet*, March 2, 2015, www.zdnet.com/article/ten-examples-of-iot-and-big-data-working-well-together/.

场对新产品的接受度，甚至是公众对其产品和公司的看法。①

小测验

3. 百代唱片公司从_____了解部分音乐趋势。

a. 油管　　　　　　　　　b. 谷歌

c. 社交媒体网络　　　　　d. 照片墙

准妈妈派对登记——塔吉特公司

另一个特别值得注意的零售大数据案例是塔吉特公司（Target）对怀孕信息的挖掘。通过其 Guest ID 程序锁定相关的准妈妈派对登记信息，从而发现客户何时可能怀孕。塔吉特公司的 Guest ID 是一个独一无二的顾客 ID，用于跟踪购买记录、信用卡使用情况、调查问卷、客户支持交互、电子邮件点击和网站访问。该公司将人口统计信息作为购物者活动的补充，如年龄、种族、教育、婚姻状况、子女数量、工资、工作历史和生活经历（如离婚、申请破产或搬家）。

通过 Guest ID 查看那些登记了准妈妈派对的客户的购买记录，塔吉特公司可以研究她们在怀孕期间购物倾向的变化。例如，在前 20 周内，孕妇开始购买钙、镁和锌等补充剂。在怀孕中期，她们开始购买更大号的裤子、更多洗手液、无味药膏、无味清洁剂和大包

---

① Schaeffer.

棉球。总之，塔吉特公司可以确定 25 件孕妇在怀孕期间会购买的商品。

通过将这些购买行为应用到所有客户身上，塔吉特可以确定客户怀孕的时间，尽管她们没有直接告知塔吉特或其他人。接下来，塔吉特用一个怀孕预测模型预测每个客户怀孕的可能性。在这个模型中，塔吉特给客户评分，用以评估她们怀孕的可能性。这些数据被用来确定孕期，然后在每一阶段进行有针对性的推广。这些客户并没有停止购买婴儿用品，反之，购买行为整体上增加了。利用大数据，塔吉特的收入从 2002 年的 440 亿美元增加到 2010 年的 670 亿美元。尽管这家零售商并没有对这一项目公开发表评论，但塔吉特的 CEO 曾对金融专家表示，"对能够吸引特定客户群体（如妈妈和宝宝）的物品和类别的高度关注"极大地促进了公司的成功。[①]

尽管在客户安全和广告方面塔吉特受到质疑，但其所作所为仍值得零售商学习借鉴。

小测验

4. 塔吉特以大数据趋势认知者而著称。塔吉特认为它能预测什么趋势？

a. 婚姻　　　　b. 怀孕　　　　c. 疾病　　　　d. 离婚

① Schaeffer.

证券投资组合分析——摩根士丹利

摩根士丹利公司借鉴了塔吉特公司的经验，试图效仿它。企业信息管理执行董事加里·巴塔查尔及（Gary Bhattacharjee）说："我们把所有能获取的日志，包括网络和所有的数据库日志，放进Hadoop 并得出基于时间的关联性。"① 之后，该公司能看到市场活动，以及它们如何与网络问题和数据库读写问题一一对应。

摩根士丹利在调查某些投资组合时发现，传统的数据库和网格计算无法满足其信息研究人员的信息需求量。IT 办公室使用 Hadoop连接了 15 台旧服务器。与较小的数据集不同，Hadoop 允许银行从多个角度处理大量信息。公司由此将廉价的基础设施引入一个框架，安装并运行 Hadoop。该公司现在拥有一个极具扩展性的投资组合分析解决方案。

汽车数据制造者——福特蒙迪欧

福特公司拥有一个庞大而分散的环境，从中获取大数据。此外，公司还投入巨资制造更多的联网机器，包括汽车。例如，目前福特蒙迪欧汽车每小时可产生高达 25G 的数据。如果公司能够从这些数据中提取信息，那么这些信息将会是一座暗藏的金矿。

一年来，福特一直在努力运用大数据技术。该公司的 IT 部门已经能够获得所有数据源的高层次视图并解决整个公司复杂的分析

---

① Tom Groenfeldt, " Morgan Stanley Takes On Big Data With Hadoop," *Forbes*, May 30, 2012, www.forbes.com/sites/tomgroenfeldt/2012/05/30/morgan-stanley-takes-on-big-data-with-hadoop/.

难题。公司所做的努力和以新方式处理信息的需要促使其选择了 Hadoop。[①]

互联网——维珍大西洋航空公司

维珍大西洋航空公司（Virgin Atlantic）通过互联网将许多波音 787 飞机和货运设备相连接。每架飞机都有许多连接部件，能产生大量的信息。

每个相关航班都能传送超过半个太字节的数据。这些信息可用于预测维修问题或提高飞行和燃料使用效率。遗憾的是，公司的报告显示，它们未能充分利用所有数据。Hadoop 的试用并没有产生所需的洞见，因此，该公司不得不考虑其他软件供应商。[②]

工业互联网——通用电气

通用电气在大数据方面投入了大量资金，如前面提到的机器服务例子所示——利用火车和飞机推动互联网发展等。通用电气以机器制造闻名，但它开始将自己作为一个主要的信息机构进行营销，同时推动其"工业互联网"的构想，即机器应该连接网络，以提高生产率、缩短停机时间。2012 年，该公司开发了一个程序，帮助航空和铁路公司将信息转移到云端，并与埃森哲公司联手开办了

---

① Nicole Hemsoth, "How Ford Is Putting Hadoop Pedal to the Metal," *Datanami*, March 16, 2013, www.datanami.com/2013/03/16/how_ford_is_putting_hadoop_pedal_to_the_metal/.

② Matthew Finnegan, "Boeing 787s to Create Half a Terabyte of Data Per Flight, says Virgin Atlantic," *Computer World UK*, March 6, 2013, www.computerworlduk.com/news/data/boeing-787s-create-half-terabyte-of-data-per-flight-says-virgin-atlantic-3433595/.

Taleris 公司，这家初创公司将帮助航空业预测机械问题，减少航班延误或取消情况。①

制造设备——TempuTech

TempuTech 公司的大数据框架正影响农业综合企业。该企业提供互联系统，显示理想的粮食库存，还可识别系统中的潜在危险（即谷仓）。

该系统可以发现皮带或轴承断裂等危险。谷物管理系统可以跟踪粮仓的湿度和温度，进行空气循环，风扇设置可以通过手动调整进行更改。农场经营者会收到这些信息，利用这些信息，同时考虑天气变化，他们可以预测湿度和温度的变化。②

自动化食品生产——夏威夷面包

夏威夷面包（King's Hawaiian）加工厂与罗克韦尔自动化公司（Rockwell Automation）合作，建造了一个拥有专门机器的高度自动化的面包烘焙厂。员工利用其他工具来监督面包生产，还可以通过互联网随时随地监控机器操作。收集到的信息能帮助该企业缩短机器的潜在停机时间并降低维护成本。③

---

① 　Andrew Nusca, "GE unwraps 'Industrial Internet': M2M for planes, trains, manufacturing," *ZDNet*, November 29, 2012, www.zdnet.com/article/ge-unwraps-industrial-internet-m2m-for-planes-trains-manufacturing/.

② 　Doug Henschen, "GE Powers Internet of Agriculture," *Information Week*, August 26, 2014, www.informationweek.com/big-data/software-platforms/ge-powers-internet-of-agriculture/d/d-id/1306646.

③ 　Forrest.

5. TempuTech 公司的系统主要用于农业综合企业大数据的什么方面？

　　a. 谷仓　　　　　　　　　b. 联合收割机

　　c. 约翰·迪尔公司的拖拉机　d. 施肥机

物流传感器——UPS 公司

UPS 公司使用传感器信息和大数据分析来节省资金、提高效率，同时减少环境污染。车辆传感器会显示车速、每加仑英里数、里程数、停车次数和发动机状况。传感器每天捕捉 80 000 个车队中的 200 多个数据点。因此，数据闲置时间、燃油消耗和有害排放都会减少。

UPS 公司还使用道路综合优化和导航（ORION）来优化配送路线。ORION 使用数亿个数据位置点来优化路线。[①]

数据分析——大卖场

沃尔玛公司正对从 10 个网站收集的客户和交易信息进行数据分析。西尔斯公司（Sears）和凯马特公司（Kmart）则试图利用大数据让促销活动、优惠券更加个性化，以更好地与沃尔玛、塔吉特、亚马逊抗衡。作为该行业的先驱，亚马逊使用了 100 万

---

① Forrest.

个 Hadoop 集群来支持其分支网络、风险管理、机器学习和网站更新。[①]

数据分析——电子游戏

电子游戏业正用大数据来跟踪游戏，预测分布模式，每天分解超过 500GB 的组织化信息和 4TB 的操作日志。

该行业发展带来的副作用是电子游戏产生的数据量剧增。电子游戏数据来源多样：游戏数据、微交易、时间戳、社交媒体、价格点、支付系统、游戏内广告、虚拟商品、多人互动、实时事件和内容更新等。

为了分析近 20 亿电子游戏用户每天生成的大量结构化和非结构化数据，公司使用 Hadoop 等各类工具。大数据让电子游戏发行商得以跟踪玩家的进度和活动，从而发现游戏中出现的瓶颈或问题。这些信息可以在多方面改善玩家的游戏体验，包括对游戏的某些方面重新测评，避免沮丧的玩家放弃游戏。

超级计算机和基因组数据库——西奈山伊坎医学院

西奈山伊坎医学院（Icahn School of Medicine at Mount Sinai）在大数据界占据重要地位，因为它吸纳了数据科学家和超级计算机来建造未来的医院。这家纽约市医疗中心正在招募硅谷顶尖人才，建

[①] Stacey Higginbotham, " WalmartLabs Is Building Big Data Tools — and Will Then Open Source Them," *GigaOm*, March 23, 2012, https://gigaom.com/2012/03/23/walmart-labs-is-building-big-data-tools-and-will-then-open-source-them/.

立一台基于患者基因组的疾病预测设备。这将使预测疾病成为可能，减少医生的设备使用次数，并简化电子诊疗记录。医学院一切努力的核心是价值300万美元的超级计算机 Minerva 以及 BioMe，前者能迅速形成高达吉字节的健康信息，后者是一个包含 25 000 多名患者基因组样本的数据库。[①]

客户数据库——银行业

银行业也在追逐大数据。摩根大通（JPMorgan Chase）得到了大量关于美国购物者的信用卡信息和其他有价值的信息。最终，摩根大通将这个包含 15 亿字节的数据库与美国政府免费提供的经济数据相整合。摩根大通利用新的分析方法来了解客户的购买模式和想法，并将这些报告提供给银行客户。这项创新使得该银行在短时间内对其信用卡客户进行细分，并调查各个类别中的客户保留模式。

还有一家另辟蹊径的银行是花旗银行，它正寻找更好的方法为商业客户提供有价值的信息，这些信息从其全球客户群收集，客户可以利用这些信息来区分新的贸易模式。[②]

[①] "The World's Top 10 Most Innovative Companies," *Fast Company*, accessed April 14, 2016, www.fastcompany.com/most-innovative-companies/2014/industry/big-data.

[②] Michael Hickins, "Banks Using Big Data to Discover ' New Silk Roads, ' " The CIO Report, *The Wall Street Journal*, February 6, 2013, https://blogs.wsj.com/cio/2013/02/06/banks-using-big-data-to-discover-new-silk-roads/.

小测验

6. 摩根大通把信用卡数据和＿＿＿＿＿整合。

a. 行业经济数据   b. 美国政府的经济数据

c. 协会的经济数据   d. 驾照记录

共享信息——金融服务

机构并不是简单地使用信息，还欢迎其他人探索和使用它们的信息。

财捷集团（Intuit）为开发人员创建了一个程序，具有以下功能：

- 支持超过 6 500 万条记录和 1 100 万用户数据的访问。
- 来自美国和加拿大的 19 000 多家金融服务机构的财务信息。
- 除了交易自动分类外，还能汇总消费者和企业财务账目数据。
- 安全的应用程序设计接口，可用于经济高效的自助数据访问。
- 用于 .NET 和 Java 的软件开发工具包，可加快应用程序的开发。

另一个金融服务机构利用开放客户数据来改进服务的例子是农业信贷银行（Crédit Agricole，CA）。这家法国银行创建了一个开发者程序，该程序号称"为客户服务，由客户创造"。该银行的应用商店是一个共建平台，它将银行客户及其应用需求和独立开发者相结合，让开发者能够访问匿名银行信息。[1]

---

[1] Jennifer Belissent, "Open Data Is Not Just for Governments Anymore…," Forrester Research, Inc., February 21, 2013, blogs.forrester.com/jennifer_belissent_phd/13-02-21-open_data_is_not_just_for_governments_anymore.

Kaggle——大数据竞赛

Kaggle 是一个大数据竞赛的主办平台。公司和研究人员将他们的原始数据发布在 Kaggle 上，以便来自世界各地的专业和业余统计人员对其进行分析。无论是谁，只要给出最好的预测模型或脚本，都会获得现金大奖，有时还能获得去主办公司工作的机会。这种分析大数据的众包方式吸引了沃尔玛、州立农业保险公司（State Farm）和通用电气等大公司，还有数据科学领域最顶尖的人才。[①]

Gnip 社交网络接口——国会图书馆

Gnip 是一个应用程序接口（API），其客户可以访问包括推特、脸书和 Disqus 在内的所有在线社交媒体网络流。Gnip 的服务允许客户根据关键字、模式、趋势和地理位置等特征筛选和解析社交媒体网络流。除了被推特收购并可提供完全真实的推文流（国会图书馆使用）之外，通过从 6 个不同来源收集的社交数据，该企业还提供即用解决方案。[②]

大数据——欺诈风险

越早认识到索赔或交易欺诈，就能够越早制止和纠正。大数据

[①] Bernard Marr, "Walmart: The Big Data Skills Crisis and Recruiting Analytics Talent," *Forbes*, July 6, 2015, www.forbes.com/sites/bernardmarr/2015/07/06/walmart-the-big-data-skills-crisis-and-recruiting-analytics-talent/#afd2401247d5.

[②] Janet Wagner, "Two Great Social Data Platforms: How DataSift and Gnip Stack Up," *Programmable Web*, February 10, 2014, www.programmableweb.com/news/two-great-social-data-platforms-how-datasift-and-gnip-stack/brief/2014/02/10.

可以掩盖欺诈，但也可能成为快速识别欺诈模式的方法。很多时候，欺诈行为都是在发生很久之后，即危害已经产生时才被发现，能做的就是尽量减少损害、调整流程，防止欺诈行为再次发生。大数据平台可以通过分析来搜索欺诈的指令模式，确定哪些地方的欺诈率更高，甚至可以检测网络漏洞。①

MongoDB——芝加哥市

芝加哥市正使用 MongoDB 从 30 多个独立部门实时收集和分解地理空间信息，从而最大限度地减少犯罪并加强市政服务。例如，在一个特定的地区，该市可能会评估以下数量：911 电话拨打和投诉次数、坏灯、偷来的垃圾桶、酒类许可证和废弃建筑，以此验证犯罪率是否偏高。芝加哥市需要大规模地整合结构化和非结构化数据，并在内部进行分析。最终，该市希望用这些数据进行预测，将犯罪或安全问题扼杀于萌芽之中。芝加哥的这些数据已经向公众开放，允许其他人利用它们创造新的服务，例如一个会提醒居民街道清洁工来了的应用。②

微软 Azure——巴塞罗那市

作为世界移动通信大会（Mobile World Congress）技术展的年度

---

① Sarah Diamond, "How to Use Big Data to Fight Financial Fraud," *Forbes*, September 22, 2014, www.forbes.com/sites/ibm/2014/09/22/how-to-use-big-data-to-fight-financial-fraud/#7d1a042c2561.

② "Chicago Uses MongoDB to Create a Smarter and Safer City," MongoDB, accessed March 21, 2016, https://www.mongodb.com/customers/city-of-chicago.

主办地，巴塞罗那市逐渐成为创新中心。

这座城市提供智能停车计时器，可以在全城范围内使用 Wi-Fi，让居民能够快速得知停车点，还可以使用手机付费。智能公交车站通过触摸屏向旅客提供实时信息，市内的传感器系统会显示温度、空气质量、噪音水平和行人活动等信息。

巴塞罗那市在微软 Azure 上构建了一个大数据系统来处理和调查其获取的许多数据点。通过该框架内生成的信息，城市可以提供更好的服务，例如开放式交通，更有效地组织梅塞节（La Mercé Festival）之类的活动，更好地评估旅游业的状况。①

小测验

7. 巴塞罗那市为旅客和市民提供_____。

a. 关于停车点的最新信息

b. 关于汽车租赁的最新信息

c. 关于用餐地点和时间的最新信息

d. 关于酒店住宿的最新信息

无线射频识别传感器——迪士尼乐园的魔法腕带

迪士尼乐园在其魔法腕带（MagicBand）项目中使用了大数据。魔法腕带是一个投资达 10 亿美元的可穿戴传感器项目，游客可以

---

① Forrest.

使用该腕带完成从酒店登记、购买午餐到保存特定景点快照等所有流程。

佩戴者用腕带轻击接收器，即可接入特定的地点，它通过无线射频识别（RFID）追踪佩戴者的路线，因此迪士尼可以收集游客在整个乐园的活动信息。利用这些信息，迪士尼可以容纳更多的游客，高效地安排游乐设施和景点的员工，更好地管理人流较大的商店和餐厅的库存。[①]

蓝牙传感器——Alex and Ani

Alex and Ani 是一家珠宝连锁店。它在商店里安装了蓝牙传感器，可以跟踪顾客的活动，并在顾客进入时通过手机向他们推送更多的定制服务。

该公司还与科技创新公司 Swirl 合作，该应用跟踪客户在商店内的行走习惯，就像一张热度图，由此企业能更好地对产品分类并向客户展示。[②]

MongoDB——大都会集团客户服务

大都会集团拥有 1 亿多客户和 100 多种产品。它的后台系统包括一个庞大的孤岛式应用程序网络，这使得客户和代理很难获得正

[①] Cliff Kuang, "Disney's $1 Billion Bet on a Magical Wristband," *Wired*, March 10, 2015, www.wired.com/2015/03/disney-magicband/.

[②] Claire Swedburg, "Alex and Ani Rolls Out Swirl's Bluetooth Beacons at 40 Stores," *RFID Journal*, February 24, 2014, www.rfidjournal.com/articles/view?11475.

确的数据。大都会集团使用 MongoDB 创建了一个应用程序，为客户提供单一透视图，将来自 70 多个当前框架的客户和产品数据汇总起来，供客户和代理访问。这项应用仅三个月就完成了。如此一来，供应商用于解答客户问题的时间减少了，这提升了客户的幸福感，为销售代表创造了机会，让他们可以利用实时分析进行交叉报价和追加销售。[①]

小测验

8. 大都会集团是如何使用大数据的？

a. 评估个别客户的风险。

b. 交叉销售产品。

c. 通过按地理位置汇总的客户数据来评估风险。

d. 发现欺诈性交易。

IBM 的预测性交通管理——法国里昂

只要是去过大城市的人都知道交通拥挤是一个现实问题。它影响居民的健康和幸福，因为他们必须忍受令人愤怒的延误，它还会影响城市的经济健康。于是一个法国城市决定使用 IBM 的预测性交通管理软件来缓解交通拥堵问题。

---

① "Rethinking the Customer Experience at MetLife," mongoDB, accessed 3/30/17, www.mongodb.com/customers/metlife.

法国里昂交通部门的官员将实时交通数据与高级分析相结合，主动应对交通拥堵。这让司机花在交通上的时间变少了，因为有关部门将提供备用路线建议，司机很快就能绕道走。

他们是怎么做到的？

- 提供重新规划交通路线的市政信息，避免交通堵塞。

- 安排卡车在非拥挤时间段送货。

- 交通管理者评估事故、预测结果，并就如何恢复交通做出快速决策。解决办法可以是调整交通信号灯让汽车快速绕行，或者发布信息提醒司机有事故发生。[①]

Evolv——施乐人力资源部

在深入了解员工表现，以降低离职率和最小化人力资源方面，Evolv 是大数据的一个重要应用。大数据也在改变企业招纳和安排员工的方式。与其他人力资源程序一样，Evolv 通过观察员工的能力、工作经验和身份，帮助高管更好地了解员工和求职者。不仅如此，通过处理超过 5 亿条关于天然气成本、失业率和在线网络利用率等信息，Evolv 还能帮助施乐之类的客户预测员工离职之类的信息。就此，施乐的员工流失率降低了 20%。Evolv 的信息还提供了大数据研究人员未能发现的其他洞见：拥有两个社交网络账号的人，表现远好过多于两个或少于两个的人，而且对于许多工作而

---

① "This French City Said Au Revoir to Traffic Jams," People 4 Smarter Cities, accessed 3/15/19, https://www.ibm.com/smarterplanet/us/en/smarter_cities/overview/.

言，例如电话服务中心工作，有案底的人会比那些没有案底的人表现得更好。[①]

练习

1. 本章重点提到了哪些在国际消费类电子产品展览会上展出的传感器？

2. 据估计，福特蒙迪欧汽车每小时能产生多少 G 的数据？

3. 迪士尼乐园使用什么产品来改善客户体验以及园内的人流？

4. 描述一下法国里昂与 IBM 合作开发的大数据应用程序。

① Mark Feffer, "HR Moves Toward Wider Use of Predictive Analytics," *Society for Human Resource Management*, October 6, 2014, www.shrm.org/hrdisciplines/technology/articles/pages/more-hr-pros-using-predictive-analytics.aspx.

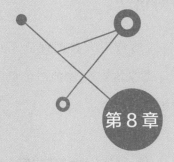

第 8 章

会计部门中的大数据

| 学习目标 |

- 区分适用于会计操作的大数据概念。
- 学习如何在会计部门使用数据分析。

奥 导语

既然你对大数据有了充分了解，那么如何将其应用于具体的
会计概念呢？会计师对访问和操作结构化的会计数据非常熟悉，
例如：

- 账户名。
- 账户总分类账簿代码。
- 交易总额。
- 供应商名称。
- SKU 编码。

会计师通常不熟悉备忘录字段中包含的非结构化数据、传统报
表或数据库无法访问的混合字段，或者非结构化格式数据构建的系
统（如电子邮件）。

会计师不熟悉所有形式的流数据，也不熟悉如何通过检索
数据进行分析。流数据包括社交媒体讨论的信息和机器传感器
数据。一些会计师可能对非结构化数据或流数据是否有任何价
值表示怀疑。然而，在财务职能的扩展作用中，为组织机构带
来价值增值的概念已经超越了传统的财务职能。下图就是最好
的说明：

扩大控制者价值

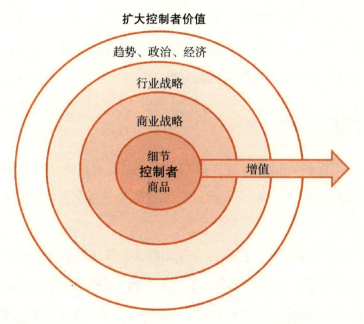

资料来源：Lindell, James, *Controller as Business Manager*. (AICPA, 2014).

结构化数据存在于细节或商品层面、商业战略和行业战略层面。行业战略层面的数据是会计师必须发掘、下载、修改并进行分析的。结构化数据也有可能存在于最广泛的趋势层面，尽管它需要以与行业层面的数据相同的方式操作。

非结构化数据和流数据可以存在于所有层面。会计师需要确认以下事项：

- 哪些数据是可用的？
- 如何访问？
- 需要哪些工具来分析数据并将其转换为有用的信息？

必须牢记，那些在结构化、非结构化和流媒体领域无法访问的数据有可能为会计部门创造极大的价值。

本章将说明如何将大数据方法应用于日常会计事务，以及如何帮助运营团队使用大数据和数据分析。

大数据之于首席财务官

据 IT 咨询公司巨头计算机科学公司（Computer Sciences Corporation）的子公司 Infochimps 称，大数据对于当今企业的财务战略至关重要。

在过去的实践中，控制或合规问题、财务问题和财务报告是财务主管的主要关注点。"如今，首席财务官（CFO）有望成为运营部门的战略业务伙伴，与 CEO 紧密合作。"今天的 CFO 将参与战略问题、董事会问题、收入开发、成本控制和盈利能力等诸多事务。在很多情况下，CFO 和财务总监将要承担除法律、人力资源和信息技术以外的其他职责。因此，对 CFO 一职的描述比其他高管职位变化更大，也就没什么奇怪的了。

大数据对企业财务战略的适用性超过了近年来 CFO 看到的所有其他创新。大数据使 CFO 能够访问和了解以前无法涉及的领域。这将导致 CFO 超前于商业需要。下面是一些大数据帮助 CFO 的例子：

- 计划和预测，包括信息驱动的计划、滚动预测和业务各方面的连年计划。
- 通过不断地过滤每一个场合的利益点，寻找通常不显眼的敲诈勒索的痕迹或不同的商业风险因素，降低风险，减少欺诈现象的发生。

- 先进的财务和管理分析月报，依规呈送报告并进行差异分析。
- 盈利能力建模和优化，包括前沿成本分析、产品或客户可行性研究以及分配。
- 运用创新的数据可视化技术对财务系统的管理进行综合评分。
- 进行过去不可能实现的财务、比率和相关信息分析，可以带来新的洞见和应用，并提高公司的盈利能力和价值。

小测验

1. 根据上文，以下哪项最准确？

a. 大数据没有既定文化重要。

b. 大数据的重要性仅次于精益管理技术。

c. 大数据对企业财务战略的适用性超过了近年来 CFO 看到的其他任何创新。

d. 大数据将在找出机构的无用实践方面发挥重要作用。

有意思的是，CFO、首席信息官（CIO）和 CEO 可以合作，通过快速安排实施大数据提高企业绩效，而无须雇佣新的开发团队。

大数据的重点领域

在前一章中，我们介绍了大数据在各领域中的整套应用程序，从交通管理到面包烘焙。在会计领域，大数据分析也能得到广泛应用。那么，大数据可具体应用于哪些方面呢？

- 应收账款。
- 应付账款。
- 重复付款检测。
- 抽样。
- 数据导入、提取和分析。
- 持续审计和监控。
- 欺诈检测和监控。
- 采购卡分析。
- 工资单和时间表。
- 连接和比较。
- 库存审计。

我们将在接下来的内容中进一步探讨。

应收账款（AR）

Ventana Research 称，大数据可用于应收账款，以提高消费者满意度和忠诚度。[①] 例如，对付款模式进行初步调查的组织机构可以很好地了解特定客户何时付款。比如，假设一个客户经常在一个月的某几天内支付余款，但该客户突然在超过固定付款时间后一周没有

---

① Robert Kugel, "Finance Can Get a Big Advantage from Big Data," *Ventana Research Analyst Perspectives*, November 16, 2013, https://blog.ventanaresearch.com/2013/11/16/finance-can-get-a-big-advantage-from-big-data.

支付。通过应用大数据分析，系统将会自动生成警报，触发后续行动。可能会给客户打电话，或自动发送电子邮件，通知客户付款延迟了。这种方法有以下优点。不同于客户应付账款部门的跟进不力，这种自动通知不出意外都能及时解决问题。相比其他的惩罚性措施，这是一个更及时和更可取的办法。尽快解决应收账款问题可以增加现金流，如果问题出在你这边，当你要求客户付款时，他们心里就会不舒服。

大数据在应收账款中的另一个用途是识别经常拖欠账单的客户。这最终需要在公司内部讨论出合适的解决方案，如限制信贷或寻找促使其付款的方法。

数据分析对评估很有价值，当与审计和提供警示相关联时，它的好处可能会更明显。数据分析能确定一种可与实际支付进行比较的模式，从而在付款偏离预期时创建预警系统。当客户遇到财务困难时，他们通常会忽略供应商（在本例中即你所在的组织机构）。

利用未曾使用的大数据，一家组织机构有哪些办法来收回应收账款？

- 搜索流媒体（社交媒体、谷歌提醒等）以获取有关客户财务状况的所有评论。
- 跟踪可能表明客户持有款项的其他汇款信息。
- 对标行业基准，确定客户的财务状况。
- 评估其信用和争议条款的历史变化。
- 按销售人员、地区、行业等细分应收账款的客户绩效。

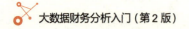

● 预测客户的付款行为并实时管理客户信用风险。

小测验

2. 以下哪项不属于帮助处理和收集应收账款的方式？

a. 搜索流媒体。

b. 搜索非结构化汇款信息。

c. 形成有效的催款流程。

d. 对应收账款进行分层，关注价值较高的前 80%。

应付账款（AP）

考虑到应付账款中包含的大量数据，预测性分析是最具增值意义的过程。许多人说，他们正在评估供应商主文件中的数据，其他人说，他们的预测性分析的重点是采购 – 付款分析、运营支出审查（主要关注应付账款）和确认付给供应商的款项。[①]

● 谁是支出金额最高的供应商？

● 与基准相比，应付天数和未偿款项的状态如何？每天 / 每月 / 每季度处理哪些发票？

重复付款检测

重复付款检测是一个经常被忽视的适用于资产追回的程序。这

---

① Ibid.

是一种发现回收资金、会计错误、异常值、欺诈或异常情况的方法。大数据可以大幅度减少调查重复付款、发票、交易和供应商退货所需的时间。

建议每年下载一次支付数据。数据应根据发票号、日期、金额等在电子表格中进行分类。请牢记，应付账款系统中内置的传统安全措施早已被应付账款职员所控制，只需添加一个"破折号"或字母"A"就可以骗过软件，使其认为这是原始票据。

小测验

3. 文中建议使用什么工具检测重复付款？

a. 外包的财务人员　　　　　b. 数据库

c. 电子表格　　　　　　　　d. 流数据

抽样

抽样是审计工作的一个重要方面，由于使用的方法众多，抽样成为赋能数据分析的关键技术之一也就不足为奇了。一个流行的工具是使用 IDEAs 统计抽样技术来设置范围。有了良好的统计分析，得出的结果就可以外推到整个数据群。统计功能、总结和分层有助于领导层分析数据、做出预测和评估过去的业绩。

分层抽样可用于查看过往交易的损失和收益，对发票和付款进行分层，并执行随机抽样。数据分析还用于测试和进行独一无二的单词搜索。与只看占了多少百分比的抽样相比，数据分析技术的优点之一是能够分解整个数据群的数据。无论如何，数据分析让你可以连接、分类和汇总信息，以分析较小的数据集。

数据导入、提取和分析

对于大多数审计师和会计专家来说，最大的难点在于把数据分析用在哪——获取所需的信息并将其导入分析工具。数据分析编程工程师已经做出巨大的创新，用 PDF 转换器、拖放功能和扩展数据容量限制等工具来分离导入数据。新技术还允许在特定标准（如名称或客户代码）下进行提取。相比于 MS query 或 SQL，IDEA 和 ODBC 等工具可以节省数百个工作时，因为它们可以进行更高效地下载、检查和汇总信息。

审计师使用数据分析下载大批量金融交易，并进行总结和分析，帮助进行审查和测试。例如，卫生服务行业的内部审计员使用数据分析从企业资源规划应用程序中获取付款数据，以查看周末的付款日期、重复记录搜索和账户编码错误。

持续审计和监控

数据分析使手动程序自动化，并通过持续监控定期测试系统。可以应用特殊程序来进行不间断的脚本审查，以检测数据输入错误以及差旅和娱乐费用异常、预算和财务报表异常、采购卡、人力资源和应付账款。

虽然监控可以识别实时异常，但会计师通常每个月或每个季度处理一次异常情况。持续监测形成的是误差可能性、误差大小或其他控制措施的函数图像。

其他应考虑持续监控的领域包括监管合规性、信贷信息、市场数据、财务信息和一切其他的重大变化。

同时，请考虑以下监控主要行业趋势和公司趋势的方法：

- 谷歌提醒。
- 社交媒体发布的帖子、推文等。
- 警情通报。
- 证券交易委员会报告中的管理层讨论与分析。

> **小测验**
>
> 4. 以下哪一项不属于大数据分析的难点？
>
> a. 数据分析用在哪里。　　　b. 获取必要的信息。
>
> c. 有正确的工具来分析数据。　d. 将数据导入系统。

欺诈检测和监控

尽管你在寻找异常或奇怪之处时可能会发现欺诈行为，但许多会计师把数据分析工具当作一种科学手段来追查欺诈和阴谋。数据分析工具可以从不同角度审查信息，以确定出现欺诈的真正原因。通过数据分析寻找欺诈模式的方法包括趋势分析、行为分析和支出模式的变化。

采购卡分析

采购卡减少了处理小额采购和交易过账的行政工作量。然而，采购卡带来了额外的控制风险。尽管采购卡有助于"精简"应付账款部门，但必须通过适当的控制措施加以管理，以减少滥用和浪费。会计师必须不断检查采购活动，分析趋势和支出模式。对于总采购卡和单个采购卡，应执行相同的应付账款管理流程。如果发生不适当的行为，应在分析过程中发现。

工资单和时间表

对审计人员来说，追查与时间表和工资单相关的错误或欺诈行为可能非常耗时。在 Audimation 调查公司的一项调查中，受访者表示，他们要"制定每周的工资单或进行总体合理性测试"，或是每个季度操作 30 多个检查系统，包括采购工资、收入、日记账和工资单。[1] 数据分析还可以通过调查电子时间和出勤记录实现助力，以确保与现有安排、系统和工作条例保持一致性和合规性。

有受访者说，他们已经将每周进行自动数据处理（ADP）之前审查工资单的时间从几个小时减少到 30 分钟以下。[2]

连接和比较

数据分析最重要的特征之一就是连接数据库和记录以对信息进

---

[1]　"Top 10 Areas Where Data Analysis Is Adding the Most Value," SAMA, accessed March 31, 2017, www.samaaudit.com/software/caseware-idea/top-10-areas-where-data-analysis-is-adding-the-most-value.html.

[2]　Ibid.

行排序、汇总和调查。这使我们能够从不同的角度查看信息，从而跟踪异常、虚假陈述、错误和其他数据。连接到数据库或文件时，它们可用于检查异常情况、执行库存周转分析和库存分析、从 PDF 中提取数据以进行新的分析、协调未完成的检查表以及替换手动转换的程序。

可用于比较数据集的一些连接过程示例如下：

- 已离职的员工列表和活跃的应用程序用户的比较。
- 医生排班系统与计费系统的比较。
- 供应商的付款方式，包括付款提前的时间和延期的时间。
- 缺少发票号码。
- 供应商地址与员工和人力资源记录的比较。
- 税号和利益冲突。
- 根据合同协议审查计费和定价协议。

库存审计

分析工具也被用来分析库存。它们可以用于：

- 库存审计。
- 识别出库慢的物品。
- 识别过时的物品。
- 核对存货盘点结果。
- 测试计数。
- 固定资产存货。

集中核算与数据挖掘

当公司拥有一个集中的数据库时，进行数据挖掘分析就会更容易。可以考虑供应商分析、客户分析、费用分析、日记账分析等。

合规性

数据分析在满足行业和文档要求方面很有价值。内部审计职能部门可以使用数据分析来安排、执行和报告 SOX（《萨班斯法案》）合规性，还可以审查其他领域和程序。

数据仓库

数据分析用于帮助制定数据仓库战略，和旧系统进行合并。

数群测试

过去，数据分析能力有限，无法收集大量数据进行访问、处理和分析。今天的数据分析则具备了这种能力，因此，数据量可以增加——可能增加至整个数据群，而不是依赖样本数据和相应的外推。

核对

数据分析的强大功能允许对数据进行更深入的分析和核对。有些政府合同要求非常高的精确度。然而，数据体量和报告级别使得在数据分析之前难以达到这一要求。

收益报告

将数据分析用于收益报告，可以对不同的数据库进行组合，使公司范围内的报告更快、更高效。与增强和改进政府报告的方式类似，数据分析提高了计算收益确认的能力，这在以往是难以做到的。

创造性用途

Audimation 调查的受访者还指出数据分析的其他一些创造性用途，包括：

- 分析每小时能源报价。
- 分析续约期间的客户行为。
- 分析客户提供的调查。
- 衡量促销计划的可行性。
- 招生简析。
- 审核账单。
- 监督《反海外腐败法》的实施。
- 集成学生数据与在线学习系统。
- 风险评估。
- 分析医疗坏账。
- 测试不同系统日志中的数据。
- 分析银行系统中的电汇异常。
- 评估贷款和分析投资组合 [1]。

其他创造性用途的示例包括：

---

[1] "Top 10 Areas Where Data Analysis Is Adding the Most Value," SAMA, accessed March 31, 2017, www.samaaudit.com/software/caseware-idea/top-10-areas-where-data-analysis-is-adding-the-most-value.html.

- 数据可视化——深度挖掘、交互式、图表：新工具使用户无须大量培训即可参与数据处理。

- 会计和聊天机器人——人工智能聊天机器人：用聊天机器人能解决客户的常见问题，包括最新的账户余额、到期的某些账单、账户的状态等。[①]

- 报告和数据挖掘——正如我们在 Power BI 简要概述中所看到的，使用商业智能软件进行当前维护数据的方差分析，报告趋势和发现数据具有无限可能性。此外，一旦会计团队精通商业智能技术，就有可能对外部数据进行剖析、分析和预测。

预测性分析与会计

预测性分析和会计部门扮演的是什么角色？回顾第 1 章中的定义：

预测性分析指从现有数据集中提取信息以确定模式和预测未来结果及趋势的操作过程。预测性分析并不能告诉你未来会发生什么，它可以在一定范围内预测未来的情况，同时包含假设情境和风险评估。[②]

① Marr, Bernard. "The Digital Transformation Of Accounting And Finance - Artificial Intelligence, Robots And Chatbots." Forbes. Forbes Magazine, June 1, 2018. https://www.forbes.com/sites/bernardmarr/2018/06/01/the-digital-transformation-of-accounting-and-finance-artificial-intelligence-robots-and-chatbots/#4af36fc34ad8.

② "Predictive Analytics," Webopedia, accessed May 7, 2019, www.webopedia.com/TERM/P/predictive_analytics.html.

日产公司如何利用预测性分析在自然灾害中幸存下来

预测性分析可以为公司创造竞争优势，甚至可以帮助抵御自然灾害。例如，日产公司（Nissan）和 2011 年的海啸。2011 年 3 月 11 日，日本遭受地震和随之而来的海啸袭击，2 万多人死亡，福岛第一核电站严重受损。

显然这对世界经济和日本企业造成巨大影响。日本企业受到冲击，将在全球范围内造成巨大的供应链混乱。

日产汽车公司注册会计师（CPA）、全球特许管理会计师（CGMA）约翰·威伦斯基（John Wilenski）的数据分析发挥了重要作用，帮助该公司度过了灾后的余波。

根据麻省理工学院（MIT）和普华永道（PriceWaterhouseCoopers）的研究，超过 45 家日产公司的关键供应商因这场灾难而严重受挫。[①] 所幸，在地震前进行的供应链分析帮助该公司在灾后重建时做出了正确的判断。这一成功得益于威伦斯基对日产公司供应商的密切监控。

日产公司使用了供应商 CFO 提供的预算信息和数据，这些信息通常每周甚至每天更新。威伦斯基的团队为评估供应商的财务状况创建了不同的模型，包括现金流评估工具、供应商假设情景下的压力测试和盈亏平衡工具。这些工具基于供应商信息和全球经济数据。

---

① Ken Tysiac, "Use Predictive Analytics to Thrive — and Survive," *CGMA Magazine*, October 20, 2014, https://www.fm-magazine.com/issues/2014/nov/predictive-analytics-20149618.html.

这一过程使日产公司能够确定哪些供应商将在灾难中幸存下来，哪些供应商需要帮助。

麻省理工学院和普华永道的报告指出，可靠的风险管理和可行的应对措施帮助日产公司在 2011 年底实现了 9.3% 的产量提升，而当时整个行业的产量大幅下降了 9.3%。[①]

数据分析的十大关键

威伦斯基正在为高等教育开发一个预测性调查工具。以下是他针对数据分析提出的十条关键建议：[②]

- 区分商业目标。
  - ❑ 预测破产或违约？
  - ❑ 使风险最小化？
  - ❑ 提高盈利能力？
  - ❑ 降低成本？
  - ❑ 留住员工？
  - ❑ 吸引新客户？
- 查找数据源。
  - ❑ 公司内部系统。
  - ❑ 外部来源。
    - ■ 政府。

---

① Ken Tysiac, " Use Predictive Analytics to Thrive — and Survive," *CGMA Magazine*, October 20, 2014, https://www.fm-magazine.com/issues/2014/nov/predictive-analytics-20149618.html.

② Ibid.

- 协会。

  - 公共数据库。

  - 非结构化或流数据。

  □ 调查。

- 以最细化的方式构建。

- 确保信息准确、及时、有用。

- 确定数据的质量。

- 找出哪些信息可能有预测性。可能需要聚集数据并确定其相关性。

- 自动化和计算机化，保留人机交互和人工干预的可能。

- 用受众的语言进行简单交流。

- 合作。获得支持和见解。

- 不断改进模型。

证券交易委员会的分析程序

以下节选自斯科特·包盖斯（Scott W. Bauguess）2016 年秋季在美国会计学会发表的题为"大数据是否让我们变懒惰了？"的演讲，他是 DERA（证券交易委员会经济风险分析部）副主任兼副首席经济学家。请注意他是如何评论委员会对大数据的利用的。

为什么这些不同的观点对于我们在委员会进行数据分析至关

重要？我在委员会工作了近十年。那时，我处理了大量的政策问题。支持这些政策决定的经济分析主要基于社会科学家的理论驱动研究。他们依赖于精心构建的分析，试图解决因果推理问题，这对于理解新法规的潜在影响至关重要。

但在过去的几年里，我目睹了越来越复杂的数据和新的数据分析方法的出现。其中一些分析方法允许对以前不可穿透的信息集进行分析，例如，像自由文本这种没有结构的信息集。这一点对委员会意义重大，因为在这里，注册人文件通常以叙述性披露的形式提交。因此，我们采取了一系列新的举措，利用机器学习方法进行行为预测，特别是在市场风险评估领域，包括识别潜在的欺诈和不当行为。

今天，委员会和许多其他组织一样，正快速采纳这些新方法。当然，这并不意味着我们告别了经典的统计建模。正如我现在想重点说的，我们的分析程序——无论是基于经典的统计建模还是机器学习——不能取代人类的判断，人类判断仍是决定分析模型输出和方法可行性的关键。为什么呢？让我举几个例子来说明。

首先从公司发行人风险评估程序（也被称为 CIRA）开始说起，该程序依赖于 DERA 的经济学家和会计师与委员会执行部门的专家人员合作开发的经典统计模型。它由一个最初称为"会计质量模型"的项目——也就是 AQM——发展而来，植根于学术研究。该模型特别注重对盈余质量的估算，以及管理层在使用预提费用时出现不当裁量权的迹象。正如 DERA 前部门主管兼委员会首席经济学家克雷格·刘易斯（Craig Lewis）所指出的，"长期以来，财务和会计方面的学术研究关注的是财务报表中包含的信息，以便更好地理解向股东提供财务信息时所做的会计选择"。[1]

如今，CIRA 将这些盈利质量的建模标准作为向委员会员工提供的 230 项自定义度量的一部分。其中包括收益平滑度、审计活动、税务处理、关键财务比率和管理行动指标。重要的是，委员会的工作人员可以通过为其定制的仪表板轻松访问这些数据。今年早些时候，执行部部长安德鲁·切斯尼（Andrew Ceresney）提到了 DERA 与执行部门反欺诈小组的合作，他指出："CIRA 为我们提供了委员会注册人财务报告环境的全面概述，并协助我们的工作人员发现财务报表中的异常模式，这些报表或许需要进一步的调查。"[2]

但这和新闻界最初对它的报道完全不同，他们创造了"机械战警"一词来形容它——仿佛识别潜在市场风险时，是一台机器做了重要决定。正如 DERA 现任主任兼首席经济学家马克·弗兰纳里（Mark Flannery）最近指出的，"这种说法背后的观点说得好听点是不准确，说得难听点就是误导。虽然我们用定量分析来帮助确定有限机构资源的优先顺序，但 DERA 正在开发的工具并不会——实际上也不能——独立工作"。[3]

但与此同时，委员会实现的最令人振奋的发展主要在机器学习和文本分析上。机器学习方法于20世纪50年代开始出现[4]，大数据和高性能计算环境的出现推动了它们的应用。在委员会，这种推动作用表现在许多方面。在最基础的层面，我们从表格和文件中的叙述性披露中提取了单词和短语，这与目前学术研究中常见的方法一致。例如，通过应用一种编程技术，使用人工编写的规则来定义文档中的模式，称为"正则表达式"，[5]通过新兴成长型公司在注册声明中披露的信息，我们能够系统地衡量和评估他们是如何利用《乔布斯法案》（JOBS Act）的规定的。

最近，我们采用主题建模[6]方法来分析注册人文件中包含的数万个叙述性披露。对于那些不熟悉主题建模的人，当你把它应用于文档语料库，就能识别所有文档中属于不同概念（"主题"）的单词和短语组，同时生成每个特定文档中的主题分布。我们还使用自然语言处理技术进行情绪分析，以评估每个文件的语气[7]——例如，识别带有负面语气或模糊语气的文件。然后，我们使用机器学习算法将这些主题和语气"信号"映射到已知的风险度量中——如检查结果或以往的强制措施。经过培训，最终的模型可以应用于新文件，因为它们是由注册人提交的，风险等级是根据所有提交人的历史调查结果划分的。这一过程可适用于不同类型的披露，或适用于特殊类别的注册人，而且这些结果将帮助我们确定哪些地方调查和审查人员应该优先查看。

尽管这种文本分析的机器学习提供了一种新的振奋人心的方法来检测潜在的市场不当行为，但就像经典的建模方法一样，它本身并不起作用。尤其是，一个模型可能将一个文档归为高风险，但这种归类并没有提供关于潜在不法行为的明确指示。对于显示欺诈或其他违规行为的特定行动或行为，许多机器学习方法通常没有指向性。人为因素仍然是这一过程不可或缺的组成部分。[①]

注：本次演讲中参考信息如下。

[1] Craig Lewis, Chief Economist and Director, Division of Risk, Strategy, and Financial Innovation, U.S. Securities & Exchange Commission, Financial Executives International Committee on Finance and Information Technology, Dec. 13, 2012.

[2] Andrew Ceresney, Director, Division of Enforcement, U.S. Securities & Exchange Commission, Directors Forum 2016 Keynote Address.

[3] Mark Flannery, Director, Division of Economic and Risk Analysis, U.S. Securities & Exchange Commission, Global Association of Risk Professionals Risk Assessment Keynote Address.

[4] See Arthur L. Samuel, Some Studies in Machine Learning Using the Game of Checkers, IBM Journal, Vol. 3, No. 3, July 1959.

[5] Thompson, K. (1968). "Programming Techniques: Regular expression search algorithm." Communications of the ACM. 11 (6): 419-422. doi:10.1145/363347.363387.

[6] See, for example, *David Blei*, "*Probabilistic Topic Models*," *Communications of the ACM. 55, April 2012*.

[7] See, e.g., Tim Loughran and Bill McDonald, 2011, "When is a Liability not a Liability? Textual Analysis, Dictionaries, and 10-Ks," Journal of Finance, 66:1, 35-65.

---

① 　Scott Bauguess, "Has Big Data Made Us Lazy?" October 21, 2016, https://www.sec.gov/news/speech/bauguess-american-accounting-association-102116.html.

思考题：证券交易委员会使用了多少大数据技术？会计部门如何利用这些技术？

练习

1. 应该访问哪种类型的数据更有分析价值？

2. 行业趋势有哪些来源？

3. 阐述创建预测性分析程序的步骤。

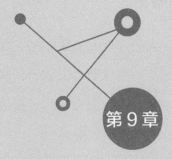

第 9 章

大数据道德与隐私

| 学习目标 |

- 认识到大数据是如何被滥用的，即使它并不想造成危害。
- 认识到在大数据系统中每个人是如何被跟踪和记录的。
- 了解大规模视频监控工具的影响，及其在全国范围内进行人员追踪的能力。

导语

大数据最大的缺点之一就是侵犯个人隐私。在这一章中，我们将研究一些大数据的例子，这些大数据的使用方式可能会对个人造成伤害，或者侵犯隐私。评估大数据对其道德政策的影响对于每个组织机构都很重要。

道德问题

在本文中，我们思考了各种各样大数据的例子。遗憾的是，使用、积累或共享这些数据造成的道德影响并没有跟上大数据数量的巨大增长。请思考以下情形：

- 数据所有者将数据提供给供应商（即便具有访问权限），但前者并没有意识到。
- 用户知情但未授予访问权限的数据，如私人照片。
- 用户知情但从未想过这些数据会被用于：
  □ 保险和健康信息；
  □ 短信（特别是突发事件）。
- 从网络中收集的数据。
- 嵌入在其他对象（如视频、音频或照片）中的数据。
- 个人生成的大数据所有权，成为更大的数据库的一部分。
- 你或你的公司对员工或未来员工所做的假设和结论合适吗？

● 有哪些非结构化大数据是你所在机构已有但未使用的，且这些数据是其他人获得访问权就可使用的？（如电子邮件。）

小测验

1. 当前与大数据相关的道德政策如何？

a. 已有的道德政策是不错的。

b. 道德政策没有跟上大数据爆炸的步伐。

c. 道德政策只需要做一些小的调整来整合大数据。

d. 大数据问题已经被 IT 政策解决。

道德影响 ①

致力于欧洲数字未来的欧洲委员会于 2019 年 4 月收到了人工智能高级专家组的一份报告，该报告提出了可信赖人工智能的道德准则。以下指南列出了可信赖人工智能的三个主要主题：

1. 合法——遵守所有适用的法律和法规。

2. 道德——遵守道德原则和价值观。

3. 稳健——从技术角度考虑社交环境。

此外，指南还强调了对可信赖的人工智能系统所提出的七个关键要求。

---

① Robotics and Artificial Intelligence (Unit A.1) - Head of unit - Juha Heikkilä " Ethics Guidelines for Trustworthy AI." Shaping Europe's digital future - European Commission, November 4, 2019. https://ec.europa.eu/digital-single-market/en/news/ethics-guidelines-trustworthy-ai.

1.人工代理和监督：人工智能系统应赋予人类权力，使他们能够做出明智的决定，并促进其基本权利的行使。同时，需要确保适当的监督机制，可以通过"人在环里"、"人在环上"和"人在命令"的方法来实现。

2.技术的稳健性和安全性：人工智能系统必须具有弹性和安全性。它们需要保证安全（确保在发生问题时有备用计划），必须准确、可靠且可复制。这是确保最大限度防止和减少意外伤害的唯一方法。

3.隐私和数据治理：除了确保尊重隐私和数据保护外，还必须确保适当的数据治理机制，考虑数据的质量和完整性，并确保对数据的合法访问。

4.透明度：数据、系统和人工智能业务模型应公开透明。可追溯性机制可以帮助实现这一目标。此外，应以适合于利益相关方的方式来解释人工智能系统及其决策。人们需要意识到自己正在与人工智能系统进行交互，并且必须了解系统的功能和局限性。

5.多样性、非歧视和公正：必须避免偏见，因为它可能产生多种负面影响，如从弱势群体的边缘化到偏见和歧视的加剧。为了促进多样性，人工智能系统应该为所有人提供便利，无论其是否为残障人士，并在整个生命周期中让利益相关者参与其中。

6.社会和环境福祉：人工智能系统应使全人类包括后代受益。因此，必须确保它们是可持续的和环境友好的。此外，它们应考虑环境，包括其他生物，并认真思考社会影响。

7. 问责制：应建立机制以确保对人工智能系统及其结果的责任和问责。审计（可评估算法、数据和设计过程）起着重要作用，尤其是在关键应用程序中。此外，应确保有充分的补救措施。

大数据道德沦丧的例子

让我们简要回顾一下大数据的四大失误事件：

- 塔吉特公司和客户资料。
- 谷歌地图位置历史。
- 朱利安·阿桑奇与维基解密。
- 埃里克·斯诺登（Eric Snowden）。

塔吉特和预测性分析的危险 [①]

如第 7 章所述，塔吉特公司能够使用大数据获取客户信息，然后使用预测性分析来预测怀孕的可能性。塔吉特是如何在不监视客户的情况下从客户那里获得信息的？你又会如何利用这些信息？

据《纽约时报》（*New York Times*）报道，塔吉特在 2002 年聘请安德鲁·波尔（Andrew Pole）担任统计学家。波尔拥有统计学硕士学位和经济学硕士学位。塔吉特公司市场部的员工找到波尔并问他能否确定某位顾客是否要生孩子。如果能做到这一点，塔吉特就能在孩子出生前向顾客推销产品，并有望获得与孩子需求相关的更大

[①] Charles Duhigg, " How Companies Learn Your Secrets," *The New York Times*, February 16, 2012, www.nytimes.com/2012/02/19/magazine/shopping-habits.html?pagewanted=all&_r=0. Accessed 3/31/17.

比例的"未来支出"。

塔吉特从客户那里获得了什么样的数据？机会出现时，塔吉特为每个购物者分配一个独一无二的代码，公司内部称其为顾客 ID 号，用于记录顾客购买的所有东西。

以下是和顾客 ID 号挂钩的信息：

- 使用信用卡。
- 使用优惠券。
- 参与调查。
- 邮寄退款。
- 拨打客户服务电话。
- 打开电子邮件。
- 访问塔吉特公司网站。

以下附加的人口统计信息也与顾客 ID 号相关：年龄、婚姻状况、子女、地址、开车去商店的时间、预估工资、最近的搬迁史、信用卡和访问的网站。

此外，塔吉特还能买到其他数据，如种族、工作经历、读过的杂志、破产史、婚姻（离婚）史、买（或卖）房子的年份、毕业的大学、参与的在线话题、偏好的咖啡品牌 / 纸巾类型 / 谷类 / 苹果酱、政治观点、阅读习惯、慈善捐赠情况，以及购买的车。

为了解预测性分析和购买习惯之间的关系，《纽约时报》的文章作者查尔斯·杜希格（Charles Duhigg）着重介绍了由加利福尼亚大学洛杉矶分校（UCLA）教授艾伦·安德烈亚森（Alan Andreasen）领导的一个研究团队在 20 世纪 80 年代进行的一些基础性研究。这项研究调查了肥皂、牙膏、垃圾袋和卫生纸等商品的购买。大多数购物者很少注意他们是如何购买这些产品的。这些都是习惯性购买，不涉及任何复杂的决策。

研究人员发现，当一些顾客经历毕业、换新工作、搬家等重大生活事件时，购物习惯变得灵活和可预测。如果这些习惯是可以预测的，零售商就可以利用这些预测信息。他们还发现新婚夫妇会更换咖啡品牌。买了新房子，会选择新牌子的早餐麦片。最终，离婚会导致购买不同品牌的啤酒。因此，怀孕的母亲也会改变自己的购物习惯。

塔吉特有传统的母性指标，如准妈妈派对登记，这些指标成为波尔的数据来源。波尔在研究中确定了大约 25 种产品，对这些产品进行综合分析，就能够给每个购物者分配一个"怀孕预测"分数。他还可以估计预产期，这样塔吉特就可以在顾客怀孕的特定阶段发送优惠券。

波尔将"怀孕预测"分数用在塔吉特国家数据库中的每位普通女性顾客身上，并得出一份名单，列出了上万名最有可能怀孕的女性顾客。在特定营销计划中，这些顾客就会成为目标群体。

据说，在怀孕预测模型建立大约一年后，一个愤怒的男人冲进位于明尼阿波利斯的塔吉特门店，要求见经理。他非常气愤，因为他的女儿收到了只有准妈妈才应该收到的优惠券，他想知道塔吉特这么做是否在鼓励青少年生孩子（他的女儿还在读高中）。

经理向他道歉并且几天后又打电话致歉。不过，在电话里，这位父亲有些惭愧，"我和我女儿谈过了，"他说，"原来家里发生了些事儿，可我却毫不知情。她的预产期在八月。我向您道歉。"[1]

公司收集客户数据进行预测性分析，然后根据营销数据给顾客发广告，这会带来什么影响？

┃ 小测验 ┃

2. 塔吉特公司为每个购物者分配一个独一无二的代码，它被称作_____。

a. 顾客 ID 号　　　　　　　　b. 购物者 ID 号

c. 客户 ID 号　　　　　　　　d. 塔吉特合作伙伴 ID 号

3. 塔吉特公司的研究团队发现，大约以_____种产品作为一个整体，可以形成一个不错的怀孕指标。

a. 25　　　　　b. 30　　　　　c. 35　　　　　d. 37

谷歌地图位置记录

如果你携带安卓设备，那么谷歌可以跟踪并记录你的位置和行动。

这种跟踪是由谷歌地图位置记录（Google Maps location history）——安卓系统中一个被忽视的组件——来完成的。这个程序本身没有什么特别的，它使用手机塔和 Wi-Fi 来找到你和你的设备。苹果和微

---

[1] Gus Lubin, "The Incredible Story of How Target Exposed a Teen Girl's Pregnancy," *Business Insider*, February 16, 2012, www.businessinsider.com/the-incredible-story-of-how-target-exposed-a-teen-girls-pregnancy-2012-2.

软的设备中也有类似的应用程序。

谷歌地图位置记录管理的问题在于，尽管标准的安卓安装系统会询问你是否要激活它，但也没有说你可以关闭它。

谷歌地图位置记录完全是另外一回事儿。

想想在勾选位置时谷歌是怎么说的：

> "谷歌的定位程序会通过 Wi-Fi 和其他信号来确定您的位置。该程序可能会在您的设备上存储某些位置信息，同时可能从您的设备上收集其他信息。"

GPS 不是必需的，因为设备可以使用手机站点和 Wi-Fi 信号，这样更省电，也更可行。这一过程表明信号将会被"匿名收集"。但其实并非如此，因为所收集的信息与你的账户相关联，并且所有的活动都会被记录下来。

要检查是否启用了谷歌地图位置记录，请前往谷歌地图位置记录页面（https://maps.google.com/locationhistory/）。点击齿轮状按钮访问历史设置，然后选择禁用或启用。

禁用谷歌地图位置记录并不会抹去历史记录。可以从"谷歌地图位置记录"页中删除过去 30 天的信息。禁用后系统默认只显示当前日期的历史位置信息，因此地图上可能不会有任何显示。

技术评论网站 c | net 给出了在手机上查找这些信息的方法。使用左侧的日历可以看到长达 30 天的历史记录。如果这段时间内你被

跟踪了，地图上会有特殊显示。在日历下面，你可以选择删除选定
时间段内或所有的历史记录。[1]你还可以关闭此跟踪或删除部分历史
记录。

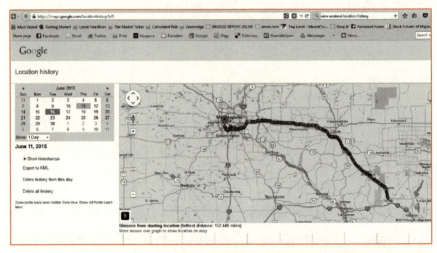

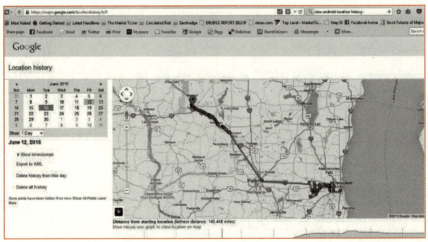

---

① Matt Elliott, "Where to Find the Map That Shows Google Is Tracking Your Location," *c/net*, November 5, 2015, www.cnet.com/how-to/how-to-delete-and-disable-your-google-location-history/.

可以放大并查看移动设备在特定日期的所有连接点。

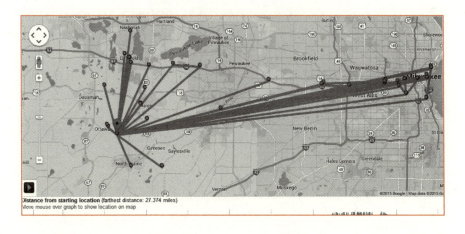

　　地图上的每个点都是谷歌使用 Wi-Fi 定位系统（WPS）对这部手机进行定位形成的点。每次手机连接到 Wi-Fi，MAC 地址和 SSID

就会被发送到谷歌的服务器。然后使用GPS和单元格ID数据收集和存储这些信息。这些都会成为"谷歌地图位置记录"地图的来源。[①]

使用此服务也有一些好处。例如方便航空旅行，当手机发现你到达机场，你的登机牌会自动显示在手机上。

保持历史记录也有助于你的日常通勤，以便你在出发前了解天气和交通信息。

最后，自2019年5月起，谷歌允许用户控制其保留数据的时间。在此之前，对于谷歌存储的信息，几乎无法进行定制化处理。它是一种"全有或全无"的数据存储类型：

- 无法自定义位置数据的保留时间。
- 不会自动过期。
- 不能保留单独一天、一周或一个月的历史记录（然而，任何时期的历史记录，从一天到一个月，都可以删除）。

但是，现在可以选择删除所有数据。这是公司意识到用户应该能够控制某些数据的范例。

下图显示了谷歌地图位置记录的现有功能、详细信息和删除选项。

第一张图片显示的是2013年从科罗拉多州阿斯彭橄榄球锦标赛

---

① "Google's Location History Is Still Recording Your Every Move," *How-To Geek*, accessed March 22, 2016, www.howtogeek.com/195647/googles-location-history-is-still-recording-your-every-move/.

到威斯康星州日内瓦湖度假地的旅程轨迹——从丹佛国际机场飞往密尔沃基米切尔国际机场的航班。

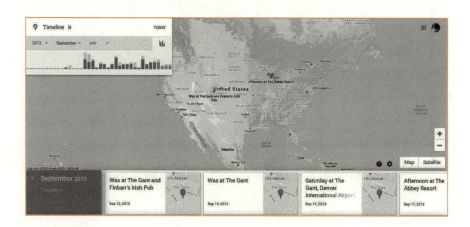

这是谷歌地图位置记录中的最新截图：

请注意左上角可以指定记录日期。在地图底部，突出显示了3月14日至15日。单击麦迪逊市（Madison）的日期，将显示如下信息：

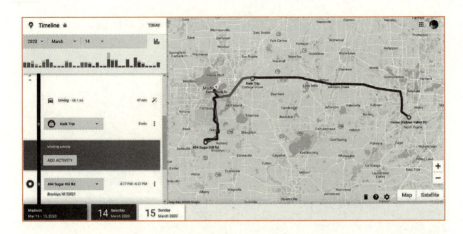

这显示了以家为起点的路线，途经车站、朋友的家以及最后一站。它甚至会记录每个位置的确切时间。

通过单击右下角的垃圾桶图标，可以删除所有信息。

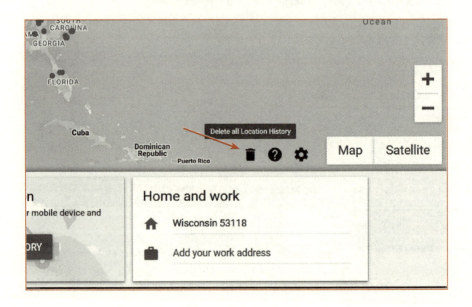

在安卓设备上，很容易更改位置服务设置。第一步是打开位置设置。

可以直接关闭设备上所有会报告位置的内容设定。但关闭这些可能导致某些应用程序无法使用。

可以选择完全关闭位置报告。或者，在启用位置报告的同时关闭谷歌地图位置记录。

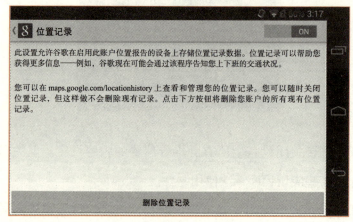

单击"删除位置记录"即可删除全部记录。

苹果用户可以关闭谷歌的位置报告,但不能删除移动设备中的历史记录，必须访问前面提到的"谷歌地图位置记录"页面。请注意，附带的安卓设备也可能正在记录信息（请参见前面关于其他连接设备的图片）。

谷歌地图位置记录还有一些实用性，例如跟踪和监视家庭成员、跟踪你的工作行程或跟踪从一个位置到另一个位置的轨迹。

问题是谷歌没有简单明了地告诉用户他们正在被跟踪。因此，用户的机密信息被共享，而用户本人却毫不知情。谷歌应该考虑在安装过程中添加打开选项，允许用户了解位置记录的意义并掌握如何轻松关闭。

有权访问移动设备的不法分子可以添加另一个账户，关闭该账户的同步进程或指示，然后跟踪设备的真正主人。如果设备的真正主人对此毫不知情，那么可能会产生令人不安的后果。

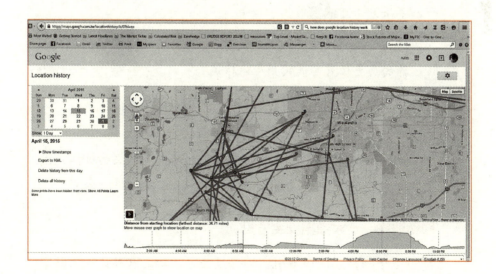

小测验

4. 如果禁用谷歌位置记录，会发生什么情况？

a. 所有历史都会被删除。

b. 保留最后 30 天的所有历史。

c. 所有历史都不受影响。

d. 谷歌定位将不允许你使用地图功能。

5. 以下哪项是启用谷歌地图位置记录的好处？

a. 到达机场就能获取登机牌。

b. 找到丢失的设备。

c. 识别附近的网络伙伴。

d. 确定销售人员是否在访问客户。

6. 根据前文的概述，以下哪项属于谷歌地图位置记录带来的危险？

a. 不法分子可能跟踪你的动向。

b. 老板可以通过手机知道你在哪里。

c. 你的历史位置可能被用于法律调查。

d. 你的位置记录可能会提供有关合并和收购的线索。

如何用这种定位功能让你的公司受益？这种功能又会如何被滥用，给你的经营带来损失？它会给我们的私生活带来什么影响？

隐私泄露——大数据安全危机

通过电子邮件系统窃取机密信息且公之于众，这种让人大跌眼镜之事近年来时有发生。人们对此感到震惊、好奇、害怕、忧虑，甚至担心又有什么信息会被像埃里克·斯诺登或朱利安·阿桑奇之类的人通过维基解密泄露出去。

朱利安·阿桑奇与维基解密

朱利安·阿桑奇是维基解密网站的主编。他有计算机编程和黑客的背景。维基解密散布敏感数据、泄密新闻和不明来源的告密者信息。2010 年，维基解密发布了从陆军情报分析员、美国一等兵布拉德利·曼宁（Pfc.Bradley Manning）那里收到的美国军事和政治报告，从此恶名昭著。布拉德利·曼宁能够获取美国国务院的电报。2011 年 9 月，维基解密公开了所有未被回复的电报。这导致超过 10 万份或更多的美国秘密外交电报在互联网上公开。

据电视节目《现在民主！》（Democracy Now!）所说，维基解密最近公布了《跨太平洋伙伴关系协定》（TPP）的章节，这是一项美国和另外 11 个国家达成的秘密全球贸易协议。TPP 将覆盖全球 40%的经济，但协议细节并未公开。最近披露的一个"投资章节"强调了美方的意图，即引导谈判各方成立一个法庭，若国家法律妨碍了企业利润，则企业可以起诉政府。阿桑奇警告说这项计划可能会使卫生和环境法规形同虚设。①

DNC（民主党全国委员会）泄密事件——2016 年总统大选期间，

---

① Amy Goodman, "Julian Assange on the Trans-Pacific Partnership: Secretive Deal Isn't About Trade, But Corporate Control," *Democracy Now*! May 27, 2015, www.democracynow. org/2015/5/27/julian_assange_on_the_trans_pacific, accessed April 17, 2020.

维基解密公开了民主党全国委员会的文件。文件中披露的一些意见和立场激怒了民主党总统候选人，当时他们正处于内部初选的阶段。

中情局"Vault 7"文件（另一个告密者）——中情局似乎遭到了另一个黑客的攻击，目前（2017年），机密文件正在网络上疯传。

以不道德的方式获取信息不是现在要讨论的中心问题。公司系统中以文件和邮件形式保存的详细信息会有什么影响？如何用这些数据来对付一家公司？

小测验

7. 阿桑奇的团队最近泄露了哪些信息？

a.《平价医疗法案》（ACA）

b.《跨太平洋伙伴关系协定》的章节

c. 班加西的文件

d. 彼得雷乌斯事件

斯诺登

斯诺登的成名之举就是他从国家安全局窃取了绝密电子文件。当时，斯诺登受雇于博思艾伦咨询公司（Booz Allen Hamilton），在夏威夷担任情报员。

文件源源不断地泄露，记者们公布了斯诺登委托他们保管的7 000多份绝密文件，有人认为这还不到全部文件的百分之一。

据国家情报官员透露，斯诺登从夏威夷飞往香港之前和记者格伦·格林沃尔德（Glenn Greenwald）以及劳拉·波伊特拉斯（Laura Poitras）见面，下载了多达 150 万份文件。在转交非法获取的文件后，他离开了香港，之后滞留在莫斯科。他的未来还是未知数，因为他信任的记者出卖了他。[①]

你的公司

这对你所在的组织机构会有什么影响？你的公司可能有大量秘密的无形资产（如可口可乐的配方）。此外，公司的文件和电子邮件中会包含大量有关战略、并购、就业问题的信息。

下次你的公司遇到风险或危机时，请思考以下问题：

1. 公司保留的哪些信息一旦披露会造成危害？

a. 电子邮件。

b. 电子文件。

c. 安保摄像头。

d. 旅游信息。

e. 智能手机信息。

f. 有意和无意的谈话录音。

g. 无形资产。

h. 合同、定价信息等。

i. 客户名单。

---

① Paul Szoldra. "A Timeline of Edward Snowden Leaks," *Business Insider*, September 16, 2016, https://www.businessinsider.com/snowden-leaks-timeline-2016-9, accessed April 17, 2020.

j. 所拥有的电子公司信息。

2. 有哪些专门针对上述信息的政策？

3. 有哪些针对一般公司、普通员工、IT员工和承包商的安全流程？

4. 何时请可信的外部承包商对IT系统进行漏洞检查？

小测验

8. 据称斯诺登发布了7 000多份文件，据估计，这些文件占他窃取的全部文件的_____。

a. 6%　　　　　b. 8%　　　　　c. 1%　　　　　d. 12%

9. 根据文本，维基解密公开了大约多少份未处理的美国国务院电报？

a. 10万　　　　b. 5万　　　　c. 20万　　　　d. 25万

对伦理政策的思考 [①]

在现有的道德和行为准则基础上，一个组织机构应该制定什么样的政策来满足大数据的需求？ Datafloq 的创始人马克·范里吉门纳姆（Mark van Rijmenam）提出了以下建议：

彻底的透明性

实时告诉客户哪些信息正在被收集。为用户提供删除所有可追

[①] Mark Van Rijmenam, "Big Data Ethics: 4 Guidelines to Follow By Organizations," *Datafloq*, accessed April 17, 2020, datafloq.com/read/big-data-ethics-4-principles-follow-organisations/221.

溯到他们身上的数据的选择。如果你提供免费服务，请让用户知道他们用以换取"免费信息"的一切共享信息将被如何使用。作为替代方案，考虑对不收集任何数据的服务或产品收费。

设计简单

为用户提供一个调整隐私设置的简单选项，以及确定他们想要共享的信息类型的选项。

准备和安全是关键

确定业务所需的信息。要明白数据是有价值的，犯罪分子可能觊觎数据。制定危机战略，准备应急计划，以防公司遭到黑客攻击。让你的员工记住曼宁和斯诺登事件及其造成的损失。

让隐私成为 DNA 的一部分

考虑聘请一名负责数据隐私和道德的首席隐私官（CPO）或首席数据官（CDO），他将对收集、存档、共享或出售的数据负责。在机构高层讨论大数据的隐私和道德问题。

练习

1. 举出几个在"隐私规则"这一主题下展开讨论会涉及的领域。

2. 塔吉特公司的"怀孕预测"分数有什么道德影响？

3. 如何秘密获取你（或员工、家人等）的行踪？

4. 针对大数据道德，本章末提到哪四个政策？

答案解析

第1章

课后练习答案

1. 大数据包括高体量、高速度和高多样性的信息，这些信息需要高效率、创新型的信息处理方式，以提高洞察力和决策力。大数据可以分为结构化数据、非结构化数据和流数据。

2. 描述性分析、诊断性分析、预测性分析和指导性分析。

3. Hadoop 是一个免费的、基于 Java 的编程框架，它支持在分布式计算环境中处理大规模数据集。它是 Apache 软件基金会赞助的 Apache 项目的一部分。

4. 数据科学家擅长分析数据（尤其是大规模数据），以帮助企业获得竞争优势。

小测验答案

1.

a. 错误。大数据适用于所有机构，不仅仅是跨国公司。

b. 正确。大数据包括结构化数据、非结构化数据和流数据。

c. 错误。大数据不限于 ERP 系统。它包括所有结构化数据、非结构化数据和流数据。

d. 错误。大数据是指一种类型的数据。串行处理与大数据无关，而和大规模并行处理有关。

2.

a. 错误。照片墙用户一天内每分钟分享大概 55 000 张图片，不是 25 000 张。

b. 正确。照片墙用户一天内每分钟分享大概 55 000 张图片。

c. 错误。照片墙用户一天内每分钟分享大概 55 000 张图片，不是 75 000 张。

d. 错误。照片墙用户一天内每分钟分享大概 55 000 张图片，不是 100 000 张。

3.

a. 错误。大约是 5 000 亿页，不是 1 000 亿页。

b. 正确。1 个拍字节是 "1" 后面跟 15 个 "0"，大约是 5 000 亿页的标准文本。

c. 错误。大约是 5 000 亿页，不是 9 000 亿页。

d. 错误。大约是 5 000 亿页，不是 7 500 亿页。

4.

a. 正确。大数据决策更聪明、更快、更准确。

b. 错误。大数据决策过程并不慢。

c. 错误。大数据决策过程既不会更慢，也不会更透明。

d. 错误。大数据决策更聪明、更快、更准确，而非具备相同的速度和更有条理。

第2章

课后练习答案

1. 从会计的角度来看，大数据的历史可以分为以下七个阶段：（1）簿记；（2）会计；（3）计算器；（4）计算机；（5）互联网；（6）云计算；（7）物联网。

2. 大数据有很多来源，包括：

（1）脸书：

a. 帖子。

b. 信息。

c. 照片。

d. 消费趋势。

（2）谷歌搜索。

（3）领英：

a. 帖子。

b. 职位搜索。

c. 推荐核实。

d. 群组邮件。

（4）电子邮件数据库。

（5）零售业客户关系管理。

（6）健康：

a. 保险。

b. 医院。

c. 心理健康。

d. 监狱。

（7）论坛。

（8）社交媒体。

（9）推特。

（10）射频识别标签。

（11）拍照手机。

（12）可用 GPS 的设备。

（13）智能仪表。

（14）电视参数。

（15）油管。

（16）音乐工具。

（17）政府数据库。

（18）亚马逊。

a. 其他读者选择。

b. 公益金。

3. 体量、速度、多样性、真实性。

4. 这个问题有很多正确答案，如机器传感器、社交媒体上的客户评论、客户调查、人流量、停车场里的汽车、退货模式、政府或行业数据库等。

小测验答案

1.

a. 错误。Lotus 不是第一个电子表格。

b. 错误。Excel 不是第一个电子表格。

c. 正确。VisiCalc 诞生于 1978 年。

d. 错误。Multi-mate 不是第一个电子表格。

2.

a. 错误。《罗马税法》出现在《汉谟拉比法典》之后。

b. 正确。《汉谟拉比法典》是最早的交易记录。

c. 错误。希腊商人的记录出现在《汉谟拉比法典》之后。

d. 错误。这一章没有提及中国的贸易记录，但提到了《汉谟拉比法典》。

3.

a. 错误。美国国防部，不是加利福尼亚大学洛杉矶分校。

b. 正确。美国国防部创建了 ARPANET，这是一个能够抵御任何灾难的计算机网络，它成为当今互联网发展的第一块基石。

c. 错误。美国国防部，不是斯坦福大学。

d. 错误。美国国防部，不是哈佛大学。

4.

a. 错误。估计有 11 亿台，而不是 5 亿台。

b. 错误。估计有 11 亿台，而不是 7 亿台。

c. 正确。估计有 11 亿台设备。

d. 错误。估计有 11 亿台，而不是 15 亿台。

第 3 章

课后练习答案

（1）商业智能在 2019 年的新趋势之一：可提供解释的人工智能兴起——除了结论和建议之外，人工智能还将提供解释以帮助用户更清楚地了解所给出建议的基础。

（2）以下为商业智能在 2020 年的新趋势[①]：

1）成为实时运作企业不再是随意可选的。

2）大数据就是数据，并且是广数据。

3）图形分析和关联技术超越了结构化查询语言（SQL）。

4）数据运营（DataOps）结合自助服务会是新的便捷的方案。

5）活跃的元数据目录是数据和分析的有机结合。

6）数据素养将会作为服务出现。

7）多方面的互动将使我们超越搜索范围。

8）道德和负责任的算法现在至关重要。

9）数据的"沙赞"：什么是可能的。

---

① "2020 Data & BI Trends: Analytics Alone Is No Longer Enough." QLIK. Accessed March 5, 2020. https://www.qlik.com/us/-/media/files/resource-library/global-us/register/ebooks/eb-2020-data-and-bi-trends-en.pdf.

10）数据独立与堆栈：SEQUEL（MySQL 数据库管理工具）。

小测验答案

1.

a. 错误。最大障碍是人、业务流程和文化，不是预算有限。

b. 错误。最大障碍是人、业务流程和文化，不是技术约束。

c. 正确。最大障碍是人、业务流程和文化。

d. 错误。最大障碍是人、业务流程和文化，不是行政政策。

2.

a. 错误。企业对区块链的兴趣并不是在趋平，而是在消退。

b. 错误。企业对区块链的兴趣并不是在增加，而是在消退。

c. 正确。企业对区块链的兴趣正在消退。

d. 错误。企业对区块链的兴趣并不是保持不变，而是在消退。

第4章

课后练习答案

1. 为利益相关者实现增值。

2. 变革管理带来的挑战包括以下方面：

- 制度变革管理。

- 确保跨辖区协作和共同标准。

- 不同部门系统禁止收集和组织大数据。

- 招纳技术合格的员工。

- 波动幅度巨大的技术学习曲线。

- 聘用有资质的人员。

- 部门之间的文化和自然障碍。

- 数据不被接受或不受信任。

- 数据所有权，特别是试图构建组织文化时。

- 缺乏商业赞助。

- 对商业案例缺乏信心。

3. 许多推文来自曼哈顿，而不是来自停电最严重的地区。

小测验答案

1.

a. 正确。为股东或利益相关者实现增值是所有活动的根本目标。

b. 错误。增加可伸缩的体系结构是增值策略。根本目标是为利益相关者实现增值。

c. 错误。增加大数据容量是一种增值策略。根本目标是为利益相关者实现增值。

d. 错误。尽管需要数据集聚，但为股东或利益相关者实现增值是首要目标。

2.

a. 错误。监控产品质量是通过大数据得出的洞见。生成多代产品要困难得多。

b. 错误。识别客户需求是通过大数据得出的洞见。实现多代产品要困难得多。

　　c. 正确。创造第三代和第四代产品未被提及。

　　d. 错误。征集客户的看法是通过大数据得出的洞见。

　　3.

　　a. 错误。首要问题是数据集成复杂性，而不是缺乏商业赞助。

　　b. 错误。首要问题是数据集成复杂性，而不是IT人员缺乏技能。

　　c. 正确。数据集成复杂性是首要问题。

　　d. 错误。首要问题是数据集成复杂性，而不是数据质量差。

　　4.

　　a. 正确。实行迭代实施战略不属于IT大数据错误。

　　b. 错误。专注于技术需求而不是商业需求在大数据上是错误的。

　　c. 错误。不进行成本效益分析在大数据上是错误的。

　　d. 错误。作为激进方式或试点实施方案的一部分，同时执行多个计划在大数据上是错误的。

第5章

课后练习答案

　　1. 查询和报告、数据挖掘、优化和预测分析是大数据的众多功能之一。

　　2. Hadoop是一个框架，可存储大型数据集，这些数据集使用简单的编程模型分布在计算机集群中，并用Java编写，以便在大型商用硬件计算机集群中的单个计算机上运行。

3. MapReduce 是一个软件模型，可并行处理大量数据。

4. R 是一种用于统计计算和图表的语言和环境。这是一个 GNU 开发项目，类似于贝尔实验室开发的 S 语言和环境。

小测验答案

1.

a. 错误。探索性分析是在数据中发现新特征，而不是使用统计模型进行预测。

b. 错误。确认现有的观念不是探索性分析，在数据中发现新特征才是。

c. 正确。在数据中发现新特征是探索性分析。

d. 错误。规范操作是最后一步。首先，必须发现数据中的新特征。

2.

a. 正确。SAP 没有基础结构组件。

b. 错误。Oracle 有，而 SAP 没有。

c. 错误。IBM 有，而 SAP 没有。

d. 错误。惠普有，而 SAP 没有。

3.

a. 错误。MapR 代表 Apache Hadoop 的完全发行版，而不是一个减少所分析的大数据的程序。

b. 错误。MapR 代表了 Apache Hadoop 的完全发行版，而非不完全版。

c. 正确。MapR 代表了 Apache Hadoop 的完全发行版，囊括了十几个项目。

d. 错误。它不是一个关系数据库，而是十几个项目的完整分配。

4.

a. 错误。它是一个图形处理引擎，而不是大数据的农业应用。

b. 错误。它是一个图形处理引擎，而不是数据分析软件。

c. 正确。它是一个用于图形分析的本地图表处理引擎。

d. 错误。它不是一个关系数据库，而是一个图表分析工具。

5.

a. 错误。WolframAlpha 是一个专门的搜索引擎，而不是数据分析软件。

b. 正确。WolframAlpha 被称为"书呆子版谷歌"。

c. 错误。WolframAlpha 是一个专门的搜索引擎，而不是预测分析软件。

d. 错误。它不是 MapR 框架内的程序，而是"书呆子版谷歌"。

6.

a. 正确。作者通过咨询服务来说明谷歌地图。

b. 错误。犯罪统计数据是用 Fusion Tables 进行说明的。

c. 错误。谷歌地图是作者通过咨询服务来说明的，而不是供应商离差。

d. 错误。谷歌地图没有使用邮局，而是使用犯罪统计数据。

7.

a. 错误。Hadoop 不是专有的，而是开源的。

b. 正确。Hadoop 是开源的。

c. 错误。Hadoop 可通过开源供所有人使用。

d. 错误。Hadoop 不是专有的，而是开源的。

8.

a. 错误。Hive 是数据仓库工具，而不是数据清理程序。

b. 错误。Hive 是数据仓库工具，而不是数据分析工具。

c. 正确。Hive 是一种数据仓库和查询语言。

d. 错误。Hive 不是为分布式进程设计的，而是为数据仓库设计的。

第 6 章

课后练习答案

1. 答案可包括本章开头所列的许多方面，包括：

- 是不是商品。

- 产品可用性。

- 是否有替代产品。

- 购买量。

- 季节性。

- 相关产品的采购。

2. 百思买公司的大数据包含了任意一天内搜索量在前十位的物品，以及适用于每个项目的一系列数据。

3. 每家公司都可能有各种不同的大数据来源。比如，与工业生产统计和零售贸易统计数据相关的文本。

4. 文本分析是从文本中获取高质量信息的过程。

小测验答案

1.

a. 错误。查询生成器为百思买产品创建自定义查询。它不允许执行假设分析。

b. 错误。查询生成器创建自定义查询，而不是处理不需要的产品。

c. 正确。查询生成器是一个为百思买产品创建自定义查询的应用程序。

d. 错误。查询生成器不是一个"如果……，那么……"的工具。它是为百思买产品创建自定义查询的工具。

2.

a. 错误。包括销售价格，但不包括折扣。

b. 错误。包括正常价格，但不包括折扣。

c. 正确。折扣不包括在内。

d. 错误。包括可节省百分比。折扣金额不包括在内。

3.

a. 错误。需要 API 密钥，不需要使用数据挖掘软件。

b. 正确。要运行百思买查询，必须获取 API 密钥。

c. 错误。需要 API 密钥，不需要能够读取 HTML。

d. 错误。需要 API 密钥。

4.

a. 错误。分析只能确保做出更明智的决定，而非最佳决定。

b. 错误。通过分析能做出更明智的决定，并可能（也可能不会）卖出最高价格。

c. 正确。如果使用得当，分析可以保证做出更明智的决定。

d. 错误。分析并不能保证所有的选择都会被评估，只会做出更明智的决定。

5.

a. 错误。净推荐值是由雷切海尔德，而不是伦乔恩发明的。

b. 正确。雷切海尔德发明了净推荐值。

c. 错误。柯林斯写了《从优秀到卓越》，而雷切海尔德发明了净推荐值。

d. 错误。钱皮是一个作家，不是净推荐值的发明者。净推荐值的发明者是雷切海尔德。

6.

a. 错误。出自美联储，而非美国人口普查局。

b. 错误。出自美联储，而非美国劳工和统计局

c. 正确。IPS 数据由美联储编制。

d. 错误。出自美联储，而非美国小企业管理局。

7.

a. 正确。报纸的行业代码是 51111。

b. 错误。50001 代表整个指数。报业为 51111。

c. 错误。正确的代码是 51111，而非 54111。

d. 错误。正确的代码是 50001。

8.

a. 正确。月度零售统计数据由美国人口普查局提供。

b. 错误。美国劳工和统计局提供就业信息；美国人口普查局提供月度零售统计数据。

c. 错误。美联储提供工业生产统计数据；美国人口普查局提供月度零售统计数据。

d. 错误。月度零售统计数据来自美国人口普查局，而非小企业管理局。

第 7 章

课后练习答案

1. 在拉斯韦加斯举行的国际消费类电子产品展览会上，制造商展示了能改善个人体态的芯片，以及帮助人们进行更加智能的训练的运动设备（包括篮球、高尔夫球杆和网球）。

2. 福特蒙迪欧汽车每小时可产生高达 25G 的数据。

3. 魔法腕带是一款投资 10 亿美元开发的可穿戴传感器项目，游客可以使用它来完成酒店登记入住、购买午餐，以及保存特定景点的快照等一系列事情。

4. 里昂利用 IBM 的预测性交通管理软件将实时交通数据与高级分析相结合，帮助交通部门主动管理交通拥堵。

小测验答案

1.

a. 错误。没有提到宠物想要进来时会通知主人的传感器，但提到了寻找钥匙的传感器。

b. 错误。提到了寻找钥匙的传感器，而不是通知有新邮件的传感器。

c. 正确。提到了寻找钥匙的传感器。

d. 错误。没有提到识别访客的传感器，但提到了寻找钥匙的传感器。

2.

a. 正确。每天有 1% ～ 3% 的航班被取消。

b. 错误。是 1% ～ 3%，而非 2% ～ 4%。

c. 错误。3% ～ 5% 是错误的，实际百分比是 1% ～ 3%。

d. 错误。4% ～ 6% 是错误的，实际百分比是 1% ～ 3%。

3.

a. 错误。除了油管，百代唱片还从许多社交媒体网络获取音乐趋势。

b. 错误。百代唱片从社交媒体网络获取音乐趋势，而不是谷歌。

c. 正确。百代唱片从社交媒体网络获取音乐趋势。

d. 错误。百代唱片从社交媒体网络获取音乐趋势，照片墙以图片出名，而非音乐。

4.

a. 错误。塔吉特公司不能进行婚姻预测，可以进行怀孕预测。

b. 正确。塔吉特公司已经证明了预测其客户怀孕的可能性。

c. 错误。塔吉特公司不能进行疾病预测，可以进行怀孕预测。

d. 错误。塔吉特公司未提及它能预测离婚，但它可以预测怀孕。

5.

a. 正确。TempuTech 公司的系统可以监控谷仓。

b. 错误。TempuTech 公司的系统不用于联合收割机，它与谷仓一起运作。

c. 错误。TempuTech 公司的系统不用于迪尔公司的拖拉机，它与谷仓一起运作。

d. 错误。TempuTech 公司的系统不用于施肥机，而用于谷仓。

6.

a. 错误。摩根大通将其数据与美国政府的经济数据整合，而非行业数据。

b. 正确。摩根大通将其数据与美国政府的经济统计数据整合。

c. 错误。摩根大通使用的是美国政府的经济数据，而不是协会的经济数据。

d. 错误。摩根大通将其数据与美国政府的经济数据整合，而非驾照记录。

7.

a. 正确。巴塞罗那市提供了最新的停车信息。

b. 错误。提供的是停车信息，而不是租车信息。

c. 错误。提供的是停车信息，而不是就餐地点和时间。

d. 错误。不提供酒店住宿信息，但提供停车信息。

8.

a. 错误。大都会集团进行产品交叉销售，而不是风险评估。

b. 正确。大都会集团利用大数据交叉销售产品。

c. 错误。大都会集团进行产品交叉销售，而不是风险评估。

d. 错误。大都会集团进行产品交叉销售，而不是识别欺诈性交易。

第 8 章

课后练习答案

1. 必须牢记，在结构化、非结构化和流媒体领域无法访问的数据有可能为会计部门创造极大的价值。

2. 考虑通过以下方式把握主要行业趋势和公司趋势：

- 谷歌提醒。
- 社交媒体发布的帖子、推文等。
- 警情通报。
- 证券交易委员会报告中的管理层讨论与分析。

3.（1）区分商业目标。（2）查找数据源。（3）以最细化的方式构建。（4）确保信息准确、及时、有用。（5）确保数据的质量。（6）找出哪些信息可能有预测性。可能需要聚集数据并确定其相关性。（7）自动化和计算机化，保留人机交互和人工干预的可能。（8）用受众的语言进行简单交流。（9）合作。获得支持和洞见。（10）不断改进模型。

小测验答案

1.

a. 错误。近年来，大数据比其他所有创新都重要。

b. 错误。大数据是近来最重要的创新。精益管理技术是帮助公司提高效率和利润的策略。

c. 正确。大数据对企业财务战略的适用性超过了近年来 CFO 所看到的其他所有创新。

d. 错误。大数据不是找出无用实践的工具，而是制定企业财务战略的工具。

2.

a. 错误。搜索流媒体是一种有助于减少应收账款的工具。

b. 错误。搜索非结构化汇款信息也是减少应收账款的一种工具。

c. 正确。创建一个有效的催款流程是值得推荐的，但它不是一个大数据流程。

d. 错误。提到了分层，但没有提到催款流程。

3.

a. 错误。重复付款分析可以一直外包给财务人员。使用电子表格进行分析会容易得多。

b. 错误。可以为分析配置数据库，但检测重复付款还是电子表格最好用。

c. 正确。带有下载信息的电子表格是检查重复付款的最佳方式之一。

d. 错误。未提及流数据，但提到了电子表格分析。

4.

a. 错误。确定把数据分析用在哪里是个难题。正确的工具远不如导入数据的能力重要。

b. 错误。获取必要的信息是个难题。正确的工具远不如导入数据的能力重要。

c. 正确。拥有正确的工具并不像将数据导入系统那样困难。

d. 错误。导入数据被列为一大难题，拥有正确的工具来分析数据并不困难。

第9章

课后练习答案

1. 数据从何而来？谁拥有这些数据？采集者有什么权力来积累、使用和维护数据？

2.即使塔吉特公司的预测是准确的，在可能会让其他不知情的人也了解到客户怀孕状况的前提下，公司没有权利分享这些特定产品的信息。

3.有权访问移动设备的不法分子可以添加另一个账户，关闭该账户的同步进程或指令，然后跟踪设备的真正主人。如果设备主人对此毫不知情，那将是非常可怕的潜在危险。

4.彻底的透明性，设计简单，准备和安全是关键，让使隐私成为DNA的一部分。

小测验答案

1.

a.错误。如今的道德政策并不好，也跟不上大数据增长的步伐。

b.正确。道德政策跟不上大数据爆炸的步伐。

c.错误。需要审查和调整道德政策，以跟上大数据的增长。

d.错误。IT政策没有解决大数据问题，道德政策也没有跟上大数据的增长步伐。

2.

a.正确。顾客ID号。

b.错误。是顾客ID号，而不是购物者ID号。

c.错误。是顾客ID号，而不是客户ID号。

d.错误。正确答案是顾客ID号。

3.

a. 正确。塔吉特公司使用 25 种产品给怀孕预测评分。

b. 错误。25 种，不是 30 种。

c. 错误。25 种，不是 35 种。

d. 错误。25 种，不是 37 种。

4.

a. 错误。禁用位置记录不会删除过去所有的历史记录。

b. 错误。禁用位置记录不会影响历史记录。

c. 正确。所有的历史记录都不受影响。

d. 错误。谷歌地图功能仍然可用，历史记录不受影响。

5.

a. 正确。到达机场时获取登机牌。

b. 错误。找到丢失的设备也是一方面。但从本章来看，获取登机牌是重点突出的内容。

c. 错误。识别可能在附近的网络伙伴也是一方面。但从本章来看，获取登机牌是重点突出的内容。

d. 错误。没有提到跟踪销售人员，但提到了获取登机牌的情况。

6.

a. 正确。不法分子可能会跟踪你。

b. 错误。你的老板可能通过手机知道你在哪里。文中是说有人会在你不知情的情况下跟踪你。

c. 错误。有可能你的历史位置会成为法律调查对象。文中是说有人会在你不知情的情况下跟踪你。

　　d. 错误。文中没有提到获得有关并购的洞见的可能性，但是提到了不法分子可能会跟踪你。

　　7.

　　a. 错误。是《跨太平洋伙伴关系协定》，而非《平价医疗法案》。

　　b. 正确。披露的文件是《跨太平洋伙伴关系协定》的内容。

　　c. 错误。是《跨太平洋伙伴关系协定》，而不是班加西的文件。

　　d. 错误。是《跨太平洋伙伴关系协定》，而不是彼得雷乌斯事件。

　　8.

　　a. 错误。据估计是 1%，而不是 6%。

　　b. 错误。据估计是 1%，而不是 8%。

　　c. 正确。据估计，公布的文件占所有文件的 1%。

　　d. 错误。据估计是 1%，而不是 12%。

　　9.

　　a. 正确。维基解密公布了超过 10 万份未经处理的电报。

　　b. 错误。10 万份，不是 5 万份。

　　c. 错误。10 万份，不是 20 万份。

　　d. 错误。10 万份，不是 25 万份。

图书在版编目（CIP）数据

大数据财务分析入门：第 2 版 /（美）吉姆·林德尔
著；徐国栋译. -- 北京：中国人民大学出版社，
2022.3

书名原文：Analytics and Big Data for
Accountants (Second Edition)

ISBN 978-7-300-30272-0

Ⅰ. ①大… Ⅱ. ①吉… ②徐… Ⅲ. ①企业管理—会
计分析—数据处理 Ⅳ. ① F275.2

中国版本图书馆 CIP 数据核字（2022）第 028561 号

审图号　GS（2022）788 号

大数据财务分析入门（第 2 版）

［美］吉姆·林德尔　著

徐国栋　译

Dashuju Caiwu Fenxi Rumen

出版发行	中国人民大学出版社	
社　　址	北京中关村大街 31 号	**邮政编码**　100080
电　　话	010 - 62511242（总编室）	010 - 62511770（质管部）
	010 - 82501766（邮购部）	010 - 62514148（门市部）
	010 - 62515195（发行公司）	010 - 62515275（盗版举报）
网　　址	http://www.crup.com.cn	
经　　销	新华书店	
印　　刷	北京昌联印刷有限公司	
规　　格	170 mm × 230 mm　16 开本	**版　　次**　2022 年 3 月第 1 版
印　　张	18.75 插页 1	**印　　次**　2023 年 1 月第 2 次印刷
字　　数	180 000	**定　　价**　59.00 元

教师教学服务说明

中国人民大学出版社财会出版分社以出版经典、高品质的会计、财务管理、审计等领域各层次教材为宗旨。

为了更好地为一线教师服务，近年来财会出版分社着力建设了一批数字化、立体化的网络教学资源。教师可以通过以下方式获得免费下载教学资源的权限：

在中国人民大学出版社网站 www.crup.com.cn 进行注册，注册后进入"会员中心"，在左侧点击"我的教师认证"，填写相关信息，提交后等待审核。我们将在一个工作日内为您开通相关资源的下载权限。

如您急需教学资源或需要其他帮助，请在工作时间与我们联络：

中国人民大学出版社　财会出版分社

联系电话：010-62515987，62511076

电子邮箱：ckcbfs@crup.com.cn

通讯地址：北京市海淀区中关村大街甲 59 号文化大厦 1501 室（100872）